미학적 무의식

미학적 무의식

자크 랑시에르 지음
양창렬 옮김

현실문화

L'inconscient esthétique
by Jacques Rancière
© Jacques Rancière, 2001

Korean Translation Copyright © Hyunsil Publishing Co. 2025
All rights reserved.

This Korean edition was published by arrangement with
Jacques Rancière (Paris) through Bestun Korea Agency Co., Seoul

이 책의 한국어판 저작권은 베스툰 코리아 에이전시를 통해
저작권자와의 독점계약으로 현실문화연구에 있습니다.
저작권법에 의해 한국 내에서 보호를 받는 저작물이므로
무단전재와 무단복제를 금합니다.

차 례

17   주체의 결함
29   미학적 혁명
43   무언의 말의 두 형태
59   하나의 무의식에서 다른 무의식으로
71   프로이트의 수정들
81   세부의 다양한 사용법에 관하여
93   의술 대 의술

119   [부록] 계쟁적 대상들 —『미학적 무의식』에 관하여 (아르헨티나판 서문)

135   옮긴이의 말
141   찾아보기

일러두기
1. 이 책은 Jacques Rancière, *L'inconscient esthétique*, Paris: Galilée, 2001를 완역한 것이다.
   번역 과정에서 인용문 확인을 위해 영역본과 독역본도 참조했다.
   - 영역본: Jacques Rancière, *The aesthetic unconscious*, translated by Debra Keates and James Swenson, Cambridge; Malden, MA: Polity, 2009.
   - 독역본: Jacques Rancière, *Das ästhetische Unbewußte*, aus dem Französischen von Ronald Voullié, Zürich; Berlin: Diaphanes, 2008.
2. 본문에 사용한 기호의 쓰임새는 다음과 같다.
   『 』: 단행본, 잡지
   「 」: 논문, 희곡
   〈 〉: 조각, 연극, 회화 등의 작품
   / : 지은이가 중의적으로 쓴 단어, 옮긴이가 중의적으로 옮긴 단어
   〔 〕: 랑시에르의 원문에는 없으나 옮긴이가 독자의 이해를 위해 추가한 내용
3. 인용한 책의 경우, 국역본이 있으면 참조하고 서지사항을 덧붙였다.
   해당 인용 부분의 번역은 별다른 표시 없이 옮긴이가 수정하기도 했다.

나는 이 제목(미학적 무의식)으로 프로이트Sigmund Freud 의 무의식 이론을 미학 영역에 적용하기에 대해 말하지는 않을 것이다.[1] 예술의 정신분석에 대해 말하지도 않을 것이고, 예술사가와 예술철학자가 특히 프로이트나 라캉 Jacques Lacan의 테제들에서 차용할 수 있었던 여러 중요한 내용에 대해 말하지도 않을 것이다. 정신분석 이론의 관점에서 말할 수 있는 실력이 내게는 없다. 무엇보다 내 관심은 전혀 다른 데 있다. 나는 프로이트의 개념이 문학 텍스트나 조형예술 작품을 분석하고 해석하는 데에 어떻게 적용되는지 관심이 없다. 역으로 왜 이런 텍스트나 작품을 해석하는 일이 (정신)분석적 해석의 개념 및 형식의 적실성을 증명하는 데에 전략적 위치를 차지하

---

[1] 이 글은 디디에 크롬푸(Didier Cromphout)의 초청으로 2000년 1월, 브뤼셀, 정신분석학교(l'École de psychanalyses)에서 진행한 두 차례의 강연에 바탕을 둔 것이다. (옮긴이) 정확한 학교 명칭은 École-s de psychanalyse이다. 디디에 크롬푸는 브뤼셀에서 이 단체를 창설했고, 프랑수아 아르톡(François Hartog), 마르셀 데티엔(Marcel Detienne), 디디에 에리봉(Didier Éribon), 엘리자베스 루디네스코(Élisabeth Roudinesco) 등의 유명 연구자들을 초청해 시리즈 강연을 조직한 바 있다.

는지 묻고 싶다. 나는 여기서 프로이트가 특별히 몇몇 문인이나 예술가를 다룬 책이나 논문, 예컨대 레오나르도 다빈치Leonardo da Vinci의 전기, 미켈란젤로Michelangelo di Lodovico Buonarroti Simoni의 〈모세Moïse〉, 옌젠Wilhelm Hermann Jensen의 『그라디바Gradiva』 같은 것만 생각하는 게 아니다. 또한 대체로 프로이트의 증명을 뒷받침하는 문학적 텍스트들과 인물들에 대한 다수의 참조도 생각한다. 예컨대, 괴테Johann Wolfgang von Goethe의 『파우스트Faust』나 알퐁스 도데Alphonse Daudet의 『사포Sapho』와 같이 저명한 국민 문학이나 [프로이트가] 동시대 작품에서 차용해 『꿈의 해석L'interprétation des rêves』에서 여러 차례 참조하는 것들 말이다.

결을 거슬러서 읽기. 이는 연구자(프로이트)에게 자신이 드는 예들에 관한 질문을 되돌려주고, 그가 어째서 미켈란젤로의 〈모세〉나 레오나르도 다빈치의 『노트Carnets』의 소소한 메모에 특별히 관심을 기울였는지 묻겠다는 게 아니다. 업계 종사자들은 이미 정신분석의 아버지가 율법의 수호자(모세)와 자신을 동일시한 정황이나 그가 솔개와 독수리를 혼동한 것에 깔린 쟁점을 설명한 바 있다. 따라서 여기서 관건은 프로이트를 정신분석하는 게 아니다. 프로이트가 선택한 문학적, 예술적 형상들이 창시자(프로이트)에 관한 (정신)분석적 소설과 관련된다는 점에 대해서도 나는 관심이 없다. 나는 그 형상들이 무엇을 증명하는 데 도움이 되는지에, 그리고 그 증명을 가능케 하는 게 무엇인지에 관심이 있다. 가장 일반적인 수준에서 이 형상들은 다음을 증명하는 데 쓸모 있다. 아무 의미 없어 보이는 것에도 의미가 있고, 자명해 보이는 것에도 수수께끼가 있으며, 하찮은 세부(디테일)처럼 보이는 것에도 사고가 충전되어 있다는 것.[2] 이 형상들은 분석적 해석이 문화의 형성물을 해석하는 능력을 증명하는 **소재**matériaux가 아니다. 그것들은 사고와 비사고 사이에 모종의 관계가 있고, 감각적 물질성 안에 사고가, 의식적 사고 안에 비자발적인 것이, 무의미한 것 안에 의미가 모종의 방식으로 현존함을 보여주는 **증거들**témoignages이다. 요컨대 의사 프로이트가 동료 실증주의자들이 무시한 '하찮은' 사실들의 해석자로서 이 '예들'을 그 자신의 증명에 사용할 수 있는 까닭은 그 예들 자체가 모종의 무의식의 증거들이기 때문이다. 이를 달리 표현할 수도 있다. 무의식에 관한 정신분석 이론이 정식화

---

2 [옮긴이] 정신분석학에 관한 랑시에르의 입장에 대해서는 Jacques Rancière, *La méthode de l'égalité*, Mont-Rouge: Éditions Bayard, 2012, p. 184 참조.

될 수 있는 까닭은, 고유한 임상적 영역 바깥에서 무의식적 사고방식이 특정하게 식별되며, 예술 작품과 문학 작품의 영역이 이 '무의식'이 특권적으로 효력을 발휘하는 영역이기 때문이다. 내 질문은 프로이트의 이론을 그보다 앞서 존재해온 '무의식적 사고'라는 짜임새에, 그리고 미학이라 불리는 영역에서 주로 등장하고 발전해온 사고와 비사고의 관계에 대한 관념에 정박시키는 데 있다. 〔따라서〕 프로이트의 '미학' 연구를 미학적 사고의 지평 안에서 해석에 대한 〔정신〕분석적 사고가 자리 잡는 표지標識로 간주하는 게 중요할 것이다.

이 기획은 물론 미학이라는 통념 그 자체에 관한 사전 설명을 전제한다. 나에게 미학은 예술을 다루는 과학이나 학문을 가리키지 않는다. 미학이란 예술의 사태와 관련해 펼쳐지는 사고의 양식이며 예술의 사태가 어떤 점에서 사고의 사태인지 이야기하려 노력하는 사고의 양식이다. 보다 근본적으로 미학은 예술에 관한 특정한 역사적 사고 체계이자 예술의 사태를 사고의 사태로 삼는 사고 관념이다. 예술에 관한 사고를 지칭하기 위해 미학이라는 용어를 사용한 것이 최근의 일임은 잘 알려져 있다. 그 계보는 일반적으로 1750년 바움가르텐Alexander Gottlieb Baumgarten이 이 제목[『미학Aesthetica』]으로 출간한 저작과 칸트Immanuel Kant의 『판단력 비판Critique de la faculté de juger』을 참조한다. 하지만 이 기준점들은 모호하다. 사실 바움가르텐의 책에서 미학이라는 용어는 결코 예술 이론을 가리키지 않는다. 그것은 감각적 인식의 영역을 그러니까 명석판명한 논리의 인식과 달리 명석하지만 여전히 혼란스러운 인식을 가리킨다. 이 계보에서 칸트의 위치도 문제적이기는 마찬가지이다. 칸트는 감성 형식 이론을 지칭하기 위해 바움가르텐에게서 미학이라는 이름을 빌려오면서, 실제로 미학에 그 의미를 부여한 것을, 즉 감각적인 것을 혼란스러운 이해가능한 것으로 보는 관념을 거부한다. 칸트에게 혼란스러운 인식에 관한 이론으로 생각할 수 있는 미학이란 존재하지 않는다. 그리고 『판단력 비판』에서 칸트는 '미학'을 이론으로 인정하지 않는다. 그 책에서 칸트는 대상의 영역이 아니라 판단 유형을 나타내는 형용사로서 '미적(감성적)esthétique'이라는 단어를 쓸 뿐이다. 칸트 이후 낭만주의와 관념론의 맥락에서만, 즉 셸링Friedrich Wilhelm Joseph Schelling, 슐레겔Schlegel(형제), 헤겔Georg Wilhelm Friedrich Hegel의 저술을 통해서만 미학이 예술에 관한 사고를 지칭하게 되었다(그래도 이 용어의 부적절성에 대한 지적은 끊임없이 제기되었다). 바로 그 맥락에서만 미학이라는 이름 아래 예술에 관한 사고—예술 작품에 의해 실행되는 사고—와 '혼란스러운 인식'이라는 모종의 관념이 동일시되기 시작한다. 이 관념이 새롭고 모순적인 까닭은 그것이 예술을 자기 외부에 현재하는 사고의, 즉 비사고non-pensée와 동일한 사고의 영토로 만듦으로써 모순적인 것들—바움가르텐이 말하는 혼란스러운 관념으로서의 감각적인 것과 칸트가 말하는 이념과 동질적인 것으로서의 감각적인 것—을 하나로 결합하기 때문이다. 다시 말해, '혼란스러운 인식'은 더는 하위의 인식이 아니라 **사고하지 않는 것의 사고**pensée de ce qui ne pense pas가 된다.[3]

달리 말해, '미학'은 '예술'의 영역을 지칭하는 새로운 이름이 아니다. 그것은 이 영역의 특정한 짜임새이다. 그것은 이전에 **시학**poétique이라는 일반적 개념에 속했던 것을 분류하기 위한 새로운 항목이 아니다. 그것은 예술에 관한 사고 체제의 변환을 표지한다. 그리고 이 새로운 체제는 특정한 사고 관념이 구성되는 장소이다. 내가 내

---

3 알다시피 오늘날 지배적인 의견은, 칸트가 계몽주의 사상을 요약하면서 정식화한 것처럼 미학이 취미 판단에 대한 비판이라는 본연의 목적에서 벗어났다고 개탄한다. 그러나 존재하는 것만이 길에서 벗어날 수 있다. 미학은 애초에 취미 판단에 관한 이론이었던 적이 없으므로, 미학이 다시 그렇게 되기를 바라는 것은 '자유주의적 개인주의'라는 찾아볼 수 없는 혁명 이전의 낙원으로 '돌아가자'는 흔한 후렴구를 표현하는 것에 불과하다.

세우는 가설은, 무의식에 관한 프로이트의 사고가 예술을 사고하는 체제(예술의 사고 체제)와 그것에 내재하는 사고 관념을 바탕으로 할 때에만 가능하다는 것이다. 또는, 이렇게 말해도 된다면, 프로이트적 사고는, 그가 참고한 예술 작품들이 아무리 고전적인 것이라 해도, 예술의 영역을 시학이 지배하는 계界에서 미학이 지배하는 계로 옮기는 혁명을 바탕으로 할 때에만 가능하다는 것이다.[4]

---

[4]　[옮긴이] 이 책 전체의 문제틀을 요약하고 있는 다음의 인터뷰를 참조할 것. Jacques Rancière, "Littérature, politique, esthétique. Aux bords de la mésentente démocratique," *Et tant pis pour les gens fatigués*, Paris: Éditions Amsterdam, 2009, p. 171. 자크 랑시에르, 『자크 랑시에르와의 대화』, 박영옥 옮김, 인간사랑, 2020, 221-222쪽.
"*SG*: 당신에게 미학은 미에 대한 이론이나 철학이 아니라, 「형상과 그 정신(*La forme et son esprit*)」이라는 논문에서 적고 있듯 "무의식적 사고에 대한 이념 혹은 더 나아가 정치의 '심미화'에 한정되지 않는 정치적 공동체의 문제틀"이 발전되는 곳입니다. 그렇다면 미학적 이념은 무의식적 사고의 이념이라고 말할 수 있을까요? 이때 '무의식적'이란 어떤 의미인가요?
　　예술에 관한 특정한 역사적 사고 체제로서 미학의 모체적 이념은 다음과 같습니다. 의지적인 것과 비의지적인 것의 동일성. 비코(Giambattista Vico)가 호메로스(Homêros)를 그의 발명 능력이 아니라 그의 언어의 유아기에 대한 증언에 의해 시인으로 선언한 시적 혁명. 칸트의 목적 없는 합목적성. 감각의 수동성을 오성의 능동성에 종속시키던 습관을 정지시킨 실러(Johann Christoph Friedrich von Schiller)의 '미적 상태'. 예술 작품을 의식적 과정과 무의식적 과정의 결합으로 보는 셸링의 정의. 저절로 쓰인 책과 전적으로 계산된 책을 동일시하는 플로베르(Gustave Flaubert) 혹은 프루스트(Marcel Proust)의 기획. 쇼펜하우어(Arthur Schopenhauer), 바그너(Wilhelm Richard Wagner), 니체(Friedrich Wilhelm Nietzsche) 등에서 보이는 음악의 무의식적 계시. 헤겔의 『미학 강의』는 예술을 사고 바깥의 사고로 정의하는 위대한 체계화였습니다. 이로부터 나는 이 명제들을 설명하고 정당화하기 위해 프로이트 이론의 몇 가지 대상들과 특권적 해석 방식들이 예술에 관한 사고의 **미학적** 짜임새 안에서 이 대상의 지위 변화와 어떻게 연결되어 있는지 보이고자 한다. 이를 위해 나는 그 지위에 걸맞게 마땅한 예우를 할 수 있도록 정신분석 발전에 중추 노릇을 한 시적 인물인 오이디푸스에서 출발하도록 하겠다. 프로이트는 『꿈의 해석』에서 아동 심리학의 데이터에 보편적으로 부합하는 보편적인 극적 효과를 지닌 '전설적 소재matériel légendaire'가 있다고 설명한다. 이 소재는 오이디푸스 왕 전설 그리고 소포클레스Sophoklēs가 지은 동명의 드라마이다.[5] 프로이트

문학은 이중적 프로그램으로 스스로를 제시했습니다. 하나는 역사의 두께를 표현하는 층들을 걷어내고 상형문자나 화석을 해독하는 '언어학적이고' 지질학적인 프로그램이고(발자크 모델), 다른 하나는 유형화된 생각, 감정, 성격에서 구성 그 자체로 보면 무의미한 근본 요소들로 회귀하는 프로그램입니다(플로베르 모델). 이것은 프로이트의 무의식을 만든 것은 아니지만 프로이트의 무의식의 사고가능성을 준비합니다."

5   Sigmund Freud, *L'interprétation des rêves*, trad. Ignace Meyerson, Paris: PUF, 1967, p. 227-228. [옮긴이] Sigmund Freud, *The Interpretation of Dreams*, in The Standard Edition of the Complete Psychological Works of Sigmund Freud, trans. and ed. James Strachey (London; Hogarth, 1953-1974), vol. 4, p. 261. 지크문트 프로이트, 『꿈의 해석』, 김인순 옮김, 열린책들, 2008, 318쪽.
"희곡의 줄거리는 오이디푸스가 라이오스의 살해범이며 살해된 라이오스와 이오카스테의 아들이라는 사실이 폭로되는 과정으로 이루어져 있다. 이 과정은 한발 한발 고조되는 동시에 정교하게 지연되면서 서서히 폭로되는데, 이는 정신

는 오이디푸스 드라마 도식의 보편성을 두 측면에서 가정한다. 보편적이지만 보편적으로 억압된 유아기의 욕망에 대한 설명으로서, 그리고 숨겨진 비밀을 계시하는 범례적 형태로서. 〔소포클레스의〕『오이디푸스 왕Œdipe roi』에서는 점진적이고 능숙하게 〔비밀이〕 계시되는바, 프로이트는 이를 정신분석적 치료 작업과 비교할 수 있다고 말한다. 따라서 보편성에 대한 동일한 단언은 인간 정신 현상psychisme의 일반적 경향, 특정의 허구적 소재, 범례로 가정되는 드라마 도식이라는 세 가지를 포함한다. 그렇다면 이렇게 질문을 던져보자. 프로이트가 이러한 상응adéquation을 주장하고 그것을 〔자신의〕 증명의 중심으로 삼을 수 있었던 근거는 무엇인가? 혹은 다른 형태로 질문을 던져보자. 오이디푸스 이야기와 소포클레스가 사용한 계시 도식의 보편적인 극적 효과는 무엇인가? 나는 이 성공적 소재를 활용하려 한 극작가의 고된 경험을 보여주는 한 가지 사례로 위 질문을 던져보도록 하겠다.

분석 작업과 비교할 수 있다."

주체의 결함

1659년, 코르네유Pierre Corneille는 카니발 축제를 위한 비극을 써달라는 의뢰를 받는다. 7년 전 「페르타리트Pertharite」의 참담한 실패 후 무대에 서지 못한 극작가에게는 재기의 기회였다. 또 한 번의 실패를 감당할 수 없었던 그였으나 비극을 쓸 시간은 두 달밖에 없었다. 성공 가능성을 최대치로 높이려 그는 우수한 비극적 주제를 찾는다. 저명한 선구자들이 이미 다뤘기에 프랑스 무대에 맞게 '번역하고' 각색만 하면 되는 것으로 말이다. 그래서 그는 한 편의 「오이디푸스OEdipe」를 쓰기로 결심한다. 그런데 이 황금 같은 주제는 금세 함정으로 밝혀진다. 그 자신이 그토록 바라는 성공을 거두려면 코르네유는 소포클레스를 번안transposition하기를 포기해야 할 것이며, 오이디푸스의 죄의식을 계시하는 도식을 완전히 개조해, 그 도식을 실행불가능하게 하는 요소를 제거해야 할 것이다. "나는 먼 (과거의) 세기에는 경이롭다고 여겨졌던 것이 우리 시대에는 끔찍하게 보일 수 있고, 불행한 왕자가 저 자신의 눈을 찌르는 방식에 대한 웅변적이고 기묘한 묘사와 이 찔린 눈에서 나오는 피가 얼굴을 타고

흘러내리는 광경(이 비할 데 없는 원작에서 5막 전체를 차지하는)이 우리 숙녀들의 예민함을 자극할 수 있음을 깨달았다. 그들은 우리 청중의 대부분을 차지할뿐더러 그들이 느끼는 불쾌는 그들 동행자들의 비난을 쉬이 초래할 것이다. 마지막으로 사랑도 그리고 배역을 맡은 여성도 이 주제에서 아무런 몫을 차지하지 않다 보니 [그 원작에는] 일반적으로 여론의 지지를 얻게 하는 주요 장식이 부족함을 깨달았다."[1] 알다시피 문제는 근친상간이라는 소재에서 비롯하는 것이 아니다. 그것은 근친상간의 허구화mise en fiction, 계시의 도식, 결말의 연극적 물질성에서 비롯한다. 이 세 가지 점이 합쳐져서 [코르네유가] 처음에 의도한 단순한 번안을 불가능하게 한다. 오이디푸스가 [스스로] 찌른 눈이 자아내는 끔찍함, 사랑에 대한 관심 부재, 그리고 여기에 신탁의 남용이 덧붙는다. 신탁 탓에 수수께끼를 푸는 열쇠가 너무 분명해지고 그 수수께끼를 푸는 이의 맹목성을 믿지 못하게 만든 것이다.

요컨대 소포클레스의 계시 도식은 말해져야만 하는 것을 너무 분명하게 보여주고, 알려지지 않아야 하는 것

---

1   Pierre Corneille, *Œuvres complètes*, Paris: Gallimard, coll. «Bibliothèque de la Pléiade», 1987, t. III, p. 18.

을 너무 일찍이 알려준다는 점에서 문제가 있다. 그래서 코르네유는 이 결함들을 교정해야 한다. 그는 숙녀들의 감수성을 배려해 오이디푸스가 자신의 눈을 찌르는 장면을 무대 밖에 배치한다. 그는 테이레시아스도 무대 밖에 배치한다. 그는 소포클레스의 고갱이인 언어적 대결 affrontement verbal을 제거한다. 아는 자는 말하려 하지 않지만 결국 말하고, 알고자 하는 자는 자신이 찾는 진실을 계시하는 말을 듣기를 거부하는 그런 언어적 대결을 제거하는 것이다. 죄가 있는 조사관(오이디푸스)이 진실과 벌이는, 관객에게 너무 뻔한, 숨바꼭질 게임 대신에, 코르네유는 정념情念과 갈등적 이해관계가 얽히고설켜 범인의 정체가 흐릿해지는 근대적 이야기를 설정한다. 소포클레스에게는 부재하던 사랑 이야기가 여기에 쓰인다. 코르네유는 오이디푸스에게 디르세Dircé(디르케)라는 이복 누이를 준다. 그녀는 오이디푸스에게 자신의 정당한 왕위를 빼앗긴다. 코르네유는 디르세의 연인으로 테제(테세우스)Thésée라는 연인을 준다. 디르세는 자기 아버지의 목숨을 앗아간 여행에 책임감을 느끼고, 테제는 그녀의 출생에 대해 의심을 품거나 그가 사랑하는 사람을 지키려 의문을 품는 척하기에 신탁에 대한 세 가지 해석이 가능하고, 잠재적인 범인은 세 명이 된다. 러브 스토리는 지식

의 분배와 결말의 불확실성을 제어함으로써 서스펜스를 제어한다.[2]

60년 후, 또 다른 극작가도 같은 문제에 직면해 같은 방식으로 문제를 풀게 된다. 드라마 경력을 쌓기 시작할 무렵, 약관의 젊은 볼테르Voltaire도 오이디푸스라는 주제를 선택한다. 그러나 볼테르는 코르네유보다 더 단호하게 소포클레스를 비판하려고 『오이디푸스 왕』 플롯intrigue의 '그럴듯하지 않음〔비개연성〕invraisemblances'을 고발한다. 오이디푸스가 선왕 라이오스의 사망 정황을 몰랐다는 것은 그럴듯하지 않다〔개연성이 없다〕. 오이디푸스가 테이레시아스의 이야기를 듣지 않고 자기가 명예로운 예언자라고 모셔 온 사람을 거짓말쟁이라고 욕하는 것도 그럴듯하지 않다. 이로부터 급진적 결론이 도출된다. "이것은 저자의 잘못이 아니라 주체의 잘못이라고 사람들은 말합니다. 마치 주체에게 결함이 있을 때 그것을 교정하는 것이 저자의 몫이 아닌 것처럼 말이죠!"[3] 볼

---

2 [옮긴이] 랑시에르는 『이미지의 운명』에서 코르네유의 『오이디푸스』에 대해 조금 더 자세히 설명한다. 자크 랑시에르, 『이미지의 운명』, 김상운 옮김, 현실문화연구, 2014, 202-210쪽 참조.

3 Voltaire, "*Lettres* sur Œdipe," dans *Œuvres complètes*, Paris: Garnier, 1877, t. II, p. 20.
[옮긴이] "전염병에 관한 묘사는 왕이 신탁을 받으러 보낸 이오카스테의 동생 크레

테르는 라이오스를 살해한 다른 후보자를 찾아내어 주체를 교정한다. 어렸을 때 버림받고 소심하게 요카스트〔이오카스테〕를 사랑한 필록테트〔필록테테스〕는 살인사건이 일어난 바로 그 시간에 테베에서 사라졌다가 사람들이 범인을 찾는 바로 그 시점에 마침맞게 돌아온다.

'결함이 있는 주체 un sujet défectueux'는 고전 시대에, 재현의 시대에 소포클레스식 '정신분석'의 전개가 나타

온이 도착하면서 중단됩니다. 크레온은 오이디푸스에게 이렇게 말하기 시작하죠.
"군왕이시여, 우리에게는 한때 라이오스라는 왕이 있었습니다.
오이디푸스
알고 있네. 그를 한 번도 본 적은 없지만 말이지.
크레온
그는 살해당했고, 아폴론은 우리가 그의 살인자들을 벌하기를 원하십니다.
오이디푸스
라이오스가 살해된 곳이 그의 집이었는가 아니면 들판이었는가?"

오랫동안 나라를 다스린 오이디푸스가 선왕이 어떻게 죽었는지 모른다는 것은 이미 개연성에 반하는 일입니다. 심지어 오이디푸스가 살인이 일어난 곳이 들판인지 도시인지도 모르고, 저 자신의 무지에 대해 조금의 이유나 변명도 늘어놓지 않는 것을 보자면, 나는 그러한 어처구니없음을 무슨 수로 표현해야 할지 모르겠습니다.

이것은 저자의 잘못이 아니라 주체의 잘못이라고 사람들은 말합니다. 마치 〔저자〕 자신의 주체에게 결함이 있을 때 그것을 교정하는 것이 저자의 몫이 아닌 것처럼 말이죠! 나도 똑같은 잘못으로 비난받을 수 있다는 걸 알지만, 소포클레스보다 나 자신에게 더 너그럽지 않을 것이며, 내 결함을 고백하는 신실함이 고대 저자의 잘못을 들추는 대담함을 정당화할 수 있기를 바랍니다."

나는 방식이다. 이 결함은, 거듭 말하거니와, 근친상간 이 야기의 결함이 아니다. 소포클레스를 각색하는 데서 코르네유와 볼테르가 겪은 어려움은 오이디푸스콤플렉스의 보편성에 맞서는 논증과 무관하다. 반대로 그 어려움은 오이디푸스 '정신분석'의 보편성을, 즉 비밀을 계시하는 소포클레스의 시나리오의 보편성을 의심하는 것이다. 코르네유와 볼테르가 보기에 소포클레스의 시나리오는 보이는 것과 말해지는 것, 말해지는 것과 들리는 것 사이에 결함이 있는 관계를 설정한다. 그 시나리오는 관객에게 너무 많은 것을 보여준다. 이 과잉은 단지 찔린 눈이 자아내는 불쾌한 광경에만 관련 있는 게 아니다. 더 일반적으로는 몸에 관한 사고의 표지와 관련 있다. 무엇보다도, 그 시나리오는 [관객에게] 너무 많은 것을 들려준다. 프로이트의 주장과 달리, 이것은 주인공과 관객에게 진실을 밝히는 데서 좋은 서스펜스, 좋은 드라마의 전개는 아니다. 그렇다면 무엇이 이 드라마적 합리성을 훼손하는 것일까? 답은 의심할 여지가 없다. 그것은 '주체', 즉 오이디푸스라는 등장인물 그 자체다. 오이디푸스가 자신과 모두에게 맞서 무슨 수를 써서라도 [진실을] 알고 싶어 하도록 [그를] 추동하는 것도 분노furie요, 그가 요구하는 진실을 제공하는 거의 가려진 말을 듣지 않도록 [그를]

추동하는 것도 분노이다. 문제의 핵심이 여기에 있다. 이 지식에 미쳐버린 자가 결국 제 눈을 찌르며 침해하는 것은 단지 숙녀들의 '예민함'이 아니라, 그것은 바로 드라마 창작에 규범을 부여하는 재현 체계의 질서이다.

재현의 질서란 본질적으로 두 가지를 의미한다. 첫째, 그것은 말해질 수 있는 것과 볼 수 있는 것 사이 특정 관계의 질서이다. 이 질서에서 말parole의 본질은 보여주는faire voir 것이다. 하지만 말은 이중의 억제 체제에 따라 그렇게 한다. 한편으로, 가시적 현시manifestation의 기능은 말의 힘을 억제한다. 말은 직접 말하는 대신 감정과 의지를 드러낸다. 예컨대 테이레시아스의 말처럼—아이스퀼로스Aischylos의 말이나 소포클레스의 말처럼—신탁이나 수수께끼의 방식으로. 다른 한편으로, 말은 보이는 것 그 자체의 힘을 억제한다. 말은 특정 가시성을 확립한다. 말은 영혼 안에 감춰진 것을 드러내고 눈에서 멀리 떨어진 것을 이야기하고 묘사한다. 하지만 그런 식으로 말은 자신이 드러내는 이 보이는 것을 자신의 통제 하에 둔다. 말은 이 보이는 것이 스스로 드러나는 것을 금지하고, 말이 필요 없는 것(말 없이도 기능하는 것)을, 찔린 눈의 끔찍함을 보여주는 것을 금지한다.

둘째, 재현의 질서란 지식과 행위 사이 특정 관계의

질서이다. 아리스토텔레스에 따르면, 드라마는 행위들의 배치이다. 드라마의 근간에는 부분적 무지 상태에서 특정 목표를 추구하는 등장인물이 있으며, 이 무지 상태는 행위의 전개 과정에서 해결될 것이다. 거기서 배제되는 것은, 오이디푸스식 행위의 바탕이 되는 지식의 **파토스** pathos, 즉 알지 않는 게 차라리 나은 것을 알고 싶어 하는 광적 집착, 듣는 것을 방해하는 분노, 진실을 그것이 드러나는 형태로 인정하지 않으려는 거부, 견딜 수 없는 지식의 재앙, 가시적인 것의 세계에서 물러나도록 강요하는 지식이다.[4] 소포클레스의 비극은 바로 이 파토스로 이루어져 있다. 이미 아리스토텔레스조차도 이 파토스를 더는 이해하지 못한다. 그래서 아리스토텔레스는 급전 péripétie과 발견reconnaissance[5]을 제어하는 기발한 기계

---

4   [옮긴이] 아리스토텔레스, 『시학』, 천병희 옮김, 문예출판사, 1995, 69쪽 참조.
"(플롯의) 제3의 부분은 파토스다. 파토스란 무대 위에서의 죽음, 고통, 부상 등과 같이 파괴 또는 고통을 초래하는 행동을 말한다."

5   [옮긴이] 위의 책, 66-68쪽 참조.
"급전이란 위에서 말한 바와 같이, 사태가 반대 방향으로 변화하는 것을 의미하는데, 이때 변화는 위에서 말했듯이 개연적 또는 필연적 인과 관계 속에서 이루어진다. 우리는 『오이디푸스』에서 그 예를 볼 수 있을 것이다. 사자(使者)는 오이디푸스를 기쁘게 해주고 그를 모친에 대한 공포로부터 해방시켜 줄 목적으로 왔지만, 그의 신분을 밝힘으로써 정반대의 결과를 가져온다. [……] 발견이란 그 말 자체가 의미하는 바와 같이, 무지(無知)의 상태에서 지(知)의 상태로 이행하는 것을 의미하는데, 이때 등장인물들이 행운에의 숙명을 지녔느냐 불행에의 숙명을 지녔

장치에 따라 지식이 출현하게 하는 드라마적 행위 이론 뒤에 숨어 그 파토스를 억압한다. 이 파토스는 고전주의 시대에 오이디푸스를 [그에 대해] 급진적 교정이 이루어지지 않는 한 불가능한 주인공으로 만든다. [오이디푸스가] 불가능한 [주인공인] 까닭은 그가 제 아버지를 죽이고 어머니와 동침해서가 아니라 그가 그것을 배우는 방식 때문, 즉 이 학습에서 그가 구현하는 정체성, 지식과 비지식의 비극적 동일성, 자발적 행위와 수동적으로 겪게 되는 파토스의 비극적 동일성 때문이다.[6]

느냐에 따라 우호 관계로 들어가기도 하고, 적대 관계로 들어가기도 한다. 그런데 발견은 『오이디푸스』에 있어서와 같이, 급전을 동반할 때 가장 훌륭한 것이다."

6   [옮긴이] 이번 장의 내용과 관련해서는 다음 인터뷰를 참조할 것. Jacques Rancière, "Régimes, formes et passages des arts," *Et tant pis pour les gens fatigués*, p. 259-261. 자크 랑시에르, 『자크 랑시에르와의 대화』, 박영옥 옮김, 인간사랑, 2020, 343-345쪽.

"최근작 『미학적 무의식』에서 미학적 혁명에 관해 쓴 한 구절은 당신이 방금 언급한 것, 그러니까 볼 수 있는 것과 말할 수 있는 것, 지식과 과학, 능동성과 수동성……이 맺는 관계의 질서정연한 총체의 폐지와 어떻게 보면 연결되는 듯 보입니다.

그것은 커다란 문제입니다. 나는―물론 나 혼자는 아니겠으나― 구상회화에서 소위 추상회화로의 이행 방식이 재현적인 것에서 비재현적인 것으로의 이행에 바탕을 둔다는 다소 단순한 시각을 깨고자 했습니다. 나에게 기예의 재현적 체계는 단지 구상(figuration)과 비-구상(non-figuration), 닮음(ressemblance)과 닮지-않음(non-ressemblance)의 문제가 아닙니다. 그것은 말할 수 있는 것과 볼 수 있는 것이 맺는 관계의 질서정연한 총체입니다. 재현적 질서에는, 예컨대 17세기, 18세기 고전주의 비극이나 역사화에는 말할 수 있는 것과 볼 수 있는 것이 맺는 관계의 조절된 경제가 있습니다. 말은 보여주기로 되어 있고 동시에 말은 이 볼 수 있는 것을 통제합니다. 내가 코르네유의 〈오이디푸스〉와 볼테르의 〈오이디푸스〉의 예를 가지고 연극에서 분석한 것이 이것입니다. 드라마의 말(la parole dramatique)은 무대에서 자기-표현하는 직접적 현전을 금지하는 볼 수 있는 것을 수립합니다. 상호적으로 말의 지시적 용도(destination déictique), 즉 볼 수 있는 것에 복무하는 사명은 말의 다른 힘을, 즉 스스로 말하고, 자신의 침묵과 수수께끼를 통해 말하는 말의 힘을 억제합니다. 바로 이 이중적 억제 안에서 말할 수 있는 것과 볼 수 있는 것 사이의 재현적 관계가 정의되며, 예를 들어 디드로의 텍스트에서 그 관계가 예증됩니다. 디드로는 어떻게 역사화를 그것이 예화하려는 서사(récit)에 일치하도록 그려야 하는지 혹은 그려서는 안 되는지 설명합니다. 혹은 시의 의미를 시에 부여할 수 있는 시각화를 통해 설명합니다. 〔롱기누스의〕『숭고론(Traité du Sublime)』에서 제시된 『일리아스(Iliade)』 속 아이아스(Ajax)의 말들에 대한 해석을 논의하기 위해, 디드로는 우리에게 두 이미지를 제시합니다. 흔히 그 말에 주어지는 해석에 따르면, 우리는 성격과 태도에 대한 두 가지 해석을 갖게 되며, 이는 두 가지 절대 다른 초상화로 번역될 것입니다. 데생이 그 말이 의미하는 바의 증거로서 기능하는 것이죠. 내가 미학적 혁명이라고 부르는 것은 말할 수 있는 것과 볼 수 있는 것 사이의 이 합치(concordance) 체제와의 단절입니다. 예술의 미학적 체제는 회화가 시를 모방하고, 시의 이야기를 번역해야 한다는 사고방식을 몰아냅니다. 그것은 또한 말이 볼 수 있는 어떤 것을 산출하면서도 그 볼 수 있는 것으로 하여금 〔말을〕 넘치지 못하게 방해하는 이 억제를, 반대로 볼 수 있는 것이 말로 하여금 〔볼 수 있는 것을〕 넘치지 못하게 방해하는 이 억제를 제거합니다. 열광적인 신탁과 끔찍한 광경을 포함하는 행동 논리의 틀에 붙잡힌 코르네유나 볼테르의 오이디푸스는 휠덜린(Friedrich Hölderlin)이나 헤겔의 오이디푸스와 대립합니다. 후자는 앎에 미친 광인의 일종으로서, 그 인물에게 있어서 사고는 더는 지도적 역량이 아니라 그 자체가 정서요 질병입니다. 바로 여기에 미학적 혁명의 핵심이 있습니다. 과거의 재현적 질서를 지배하는 것은 사고를 수동적 질료에 명령을 내리는 능동적 형상으로 보는 사고 관념입니다. 미학적 혁명은 형상이 질료 자체에 내재한다고 설정하는 순간, 또 언어활동이 그 자체로 말한다고, 즉 '보여주는' 것으로서가 아니라 제 고유의 힘을 현시함으로써, 제 고유의 유래를 표현함으로써 말한다고 설정하는 순간부터 시작됩니다. 결과적으로 우리는 물질적 사물들도 마찬가지로 이런 의미에서 말한다고 설정하는 것이죠. 이것이 바로 노발리스의 그 유명한 문장 "모든 것이 말한다(Tout parle)"의 의미입니다. 다시 말해 우리가 광물들의 감각적 외양에 새겨진 그것들의 역사를 읽을 수 있는 한 광물들도 말한다는 것이죠."

미학적 혁명

따라서 시의 사고 체계 전체가 오이디푸스식 시나리오를 거부한다. 반대로 말할 수도 있다. 오이디푸스식 시나리오의 특권이 언표될 수 있으려면, 기예의 사고 체제가, 즉 사고에 대한 특정 관념―수동적 질료에 부과하는 행위로서의 사고라는 관념―을 함축하기도 하는 이 재현적 체제가 폐지되어야 한다고. 내가 조금 전에 미학적 혁명이라고 부른 것은 바로 이것, 즉 볼 수 있는 것과 말할 수 있는 것, 지식과 행위, 능동성과 수동성 사이 질서정연한 관계의 집합을 폐지하는 것이다. 달리 이렇게 말할 수 있다. 오이디푸스가 정신분석 혁명의 주인공이 되려면, 코르네유와 볼테르의 오이디푸스를 폐지하고, 프랑스식 비극에다 이에 더해 아리스토텔레스의 비극적 행위의 합리화를 넘어, 소포클레스의 비극적 사고와 다시 관계를 맺는 새로운 오이디푸스가 필요하다고. 새로운 오이디푸스 그리고 비극에 대한 새로운 관념, 즉 횔덜린, 헤겔, 니체의 비극관이 필요한 것이다.

이 새로운 오이디푸스의 특징은 두 가지이다. 이 특징들 덕분에 새로운 오이디푸스는 헬라스 비극이 증언해

온 관념과 다시 관계를 맺는 '새로운' 사고 관념의 주인공이 될 수 있다. 우선, 오이디푸스는 어떤 실존적 사유의 야생성을 증언한다. 거기서 지식은 객관적 관념성을 파악하는 주관적 행위가 아니라 생명체의 어떤 애정, 열정, 심지어 질병으로 정의된다. 지식 그 자체가 자연에 대한 범죄인 것이다. 『비극의 탄생La Naissance de la tragédie』에 따르면 바로 그것이 오이디푸스 이야기의 의미이다.[1] 오이디푸스와 비극은 사고의 문제가 항상 질병과 의술에 관한, 그리고 이 둘 사이 역설적 통합에 관한 것이라는 사실을 증언한다. 지식과 고통의 비극적 등가성(아이스퀼

---

1 Friedrich Nietzsche, *La Naissance de la tragédie*, Paris: Gallimard, 1977, p. 78-79. [옮긴이] "Die Geburt der Tragödie," in Samtliche Werke. *Kritische Studienausgabe*, Bd. 1, Munchen 1980, S. 65-67. 프리드리히 니체, 『비극의 탄생』, 박찬국 옮김, 아카넷, 2007, 130-134쪽. 특히 133쪽의 다음 구절을 볼 것. "인간이 자연에 거역하여 승리를 거두는 것을 통해서가 아니라면, 즉 비자연성을 통해서가 아니라면 인간은 자연으로 하여금 자신의 비밀을 드러내도록 강요할 수 없을 것이다. 이러한 인식이 오이디푸스의 운명의 저 무시무시한 삼위일체 속에 새겨져 있는 것을 나는 보는 것이다. 자연의—저 이중성격의 스핑크스의— 수수께끼를 푼 사람은 (자기) 아버지의 살해자이며 (자기) 어머니의 남편으로서 가장 성스러운 자연 질서를 파괴해야만 한다. 그뿐 아니라 이 신화는 우리에게 이렇게 속삭이고 싶어 하는 것처럼 보인다. 지혜라는 것, 특히 디오니소스적인 지혜라는 것은 자연에 거역하는 하나의 만행이라고, 자신의 지혜에 의하여 자연을 파멸의 심연에 빠뜨리는 자는 그 자신에게서도 자연이 해체되는 것을 경험해야 한다고. "지혜의 칼끝은 지혜로운 자에게 향한다. 지혜는 자연에 대한 범죄이다." 이 끔찍한 명제를 이 신화는 우리에게 외치고 있는 것이다."

로스나 소포클레스의 마토스 파테이mathos patheï[2])을 철학 무대에 다시 올리는 것은 지식으로 고통받는 병자들의 위대한 삼부작을 한데 모은다는 것을 전제한다. 헤겔의 『미학 강의Leçons sur l'esthétique』에서 이미 그러한 것처럼 『꿈의 해석』에서 서로 응답을 주고받는 오이디푸스와 햄릿, 그리고 마찬가지로 그 책에 등장하는 파우스트. 정신분석학은 사고를 질병의 문제로, 질병을 사고의 문제로 삼아 철학과 의술이 서로에 대해 의문을 제기하는 지점에서 발명된다.

그러나 사고의 사태와 질병의 사태 사이 이러한 연대는 그 자체로 예술의 생산물들에 대한 새로운 사고 체

---

2 [옮긴이] 보통 파테이 마토스(patheï mathos)라고 하며, '(고통을) 겪으면서 배운다'는 뜻이다. 아이스퀼로스와 소포클레스의 텍스트에서 위 표현이 등장하는 구절은 다음과 같다.
아이스퀼로스, 〈아가멤논〉, 176-178행.
"그분께서는 인간들을 지혜로 이끄시되
고뇌를 통하여 지혜를 얻게 하셨으니,
그분께서 세우신 이 법칙 언제나 유효하다네."
아이스퀼로스, 『아이스퀼로스 비극 전집』, 천병희 옮김, 숲, 2011, 35-36쪽.

소포클레스, 〈안티고네〉, 1351-1353행.
"오만한 자들의 큰소리는 그 벌로
큰 타격을 받게 되어
늘그막에 지혜가 무엇인지 알게 해준다네."
소포클레스, 『소포클레스 비극 전집』, 천병희 옮김, 숲, 2012, 149쪽.

제와 연계되어 있다. 오이디푸스가 범례적 주인공인 까닭은 오이디푸스라는 그 허구적 형상이 미학적 혁명에서 부여받은 고유성propriété들을 상징하기 때문이다. 오이디푸스는 아는 자이자 모르는 자요, 절대적으로 행위하는(영향을 주는) 자이자 절대적으로 고통받는(영향을 받는) 자이다. 바로 이 대립물의 동일성을 통해서 미학적 혁명은 예술의 고유함propre을 정의한다. 언뜻 보기에 미학적 혁명은 재현적 체제의 규범들과 절대적 **행위(제작)** faire 역량을 맞세우는 것 같다. 작품은 그 고유의 생산법칙의 지배를 받으며, 작품은 그 생산법칙의 증거이다. 동시에 이 무조건적 생산은 절대적 수동성과 동일시된다. 칸트적 천재는 이 이중성을 요약한다. 천재는 자연의 능동적 힘으로서, 모든 모델과 모든 규범에 고유의 역량을 맞세우거나, 오히려 스스로 규범이 된다. 동시에 천재는 자신이 무엇을 하는지/만드는지 알지 못하고, 자신의 행위(제작)를 설명할 수 없는 자이다.[3]

---

3 [옮긴이] 미학적 이념과 천재에 관해서는 다음의 인터뷰를 참조할 것. Jacques Rancière, "Littérature, politique, esthétique. Aux bords de la mésentente démocratique," *Et tant pis pour les gens fatigués*, p. 169-170. 자크 랑시에르, 『자크 랑시에르와의 대화』, 박영옥 옮김, 인간사랑, 2020, 219-220쪽.
"*SG: 푸코(Michel Foucault)가 다시 읽은 칸트에 입각해 당신이 '미학적' 형식과 예술적 형식을 대립시킨 것은 흥미롭다고 생각합니다. 미학적 형식은 그것이 아*

지식과 비지식, 행위〔능동〕와 고통〔수동〕의 이러한 동일성은 미학적 체제에서 예술이 행위/제작하는 바〔수동〕 그 자체일뿐더러, 바움가르텐의 '혼란스러운 명석함'을 대립물의 동일성으로 급진화한다. 이런 뜻에서 미학

무엇도 아닌 것의 형식이고, 어떤 개념도 실현하지 않고 어떤 대상도 모방하지 않는 한에서 형식으로 지각된다는 것이죠. 따라서 그것은 예술의 작업에 의해서 '산출되는(produite)' 것이 아니라는 겁니다. 그래서 주체적인 능력으로서의 천재만이 미학적 이념들, 이 모호한 개념을 산출할 수 있게 되고요. 국제철학학교에서 당신이 현재 연구하는 주제인 '미학적 이념'이란 무엇인가요?

형식에 대한 두 관념 사이의 대립은 곧 예술의 두 체제 사이의 대립입니다. 재현적 논리는 형상/질료 대립과, 그리고 예술이란 형상을 질료에 부과하는 것이라는 관념과 연결되었죠. 칸트는 『판단력 비판』에서 예술을 테크네(téchnè)로 보는 전통적 논리와 완전히 새로운 논리를 병치했습니다. 완전히 새로운 논리란 어떤 개념도 실현하지 않는 아무것도 아닌 것의 형식이자, 대상을 인식하거나 관심을 갖는 여하한 관계를 중지하는 시선의 순수 상관물로서의 자유로운 형식의 논리입니다. 칸트가 생각한 미학적 이념은 개념의 보충, 의식적으로 다듬어진 예술적 형식이 자유롭게 평가된 예술적 형식으로 변형되는 것을 허락하는 서로 연결되어 구분되지 않는 표상들의 후광입니다. 그에게 미학적 이념은 여전히 고전주의 시대를 사로잡았던, 또 천재를 규칙을 보충하는 능력으로 만들었던 그 유명한 '나는 모른다(je ne sais quoi)'의 연속성 안에 존재합니다. 그러나 다른 한편 천재 개념은 비코가 시작한 시학적 동요를 번역하기도 합니다. 비코는 호메로스의 시학적 천재성을 발명 능력이 아니라, 언어를 좌우할 수 없는 무능력(impuissance), 시인이 자신이 무엇을 하는지 모르는 무지(non-savoir)와 동일시했습니다. 그리하여 미학적 이념은 훨씬 근본적으로 미학적 시대의 예술 이념이 됩니다. 다시 말해 예술적 규칙 없이 오로지 의지에 의해 산출된 예술적 과정과, 의지되지 않은 '자유로운' 대상으로서 예술 대상의 실존 양태 간의 동일성에 관한 이념이 되는 것입니다. 예술에 대한 이 전반적 이념은 미학적 이념들을 정의합니다. 즉, 제작된 것과 제작되지 않은 것 사이의 등가, 우리 안에서 이미 쓰인 책과 모든 것이 증명을 위해 발명된 책(프루스트) 사이의 등가, 카메라의 순수 시선과 몽타주의 조합 역량 간의 등가 등등의 발명을 정의합니다."

적 혁명은 이미 18세기에, 그러니까 비코가 『새로운 학문La Science nouvelle』에서 아리스토텔레스와 재현적 전통에 맞서 '참된 호메로스'의 형상이라고 부른 것을 정립하려 시도했을 때 시작되었다.[4] 우리가 관심 두는 계통을 명확히 하기 위해 맥락을 상기할 필요가 있다. 아닌 게 아니라 비코가 내세우는 주요 목표는 정확히 말해 '예술 이론'이 아니라 '이집트인의 지혜'에 관한 오래된 신학적-시학적 문제, 즉 상형문자 언어가 속인俗人에게 금지된 종교적 사고를 담은 암호 언어인지에 관한, 또한 고대의 시적 우화가 철학적 사고의 알레고리적 표현인지에 관한 문제였다. 이 오래된 문제는 적어도 플라톤Platōn에까지 거슬러 올라간다. 플라톤은 호메로스 우화의 부도덕성을 비난하면서, 우화에서 이야기되는 신들의 간통 속에서 우주론적 알레고리를 보는 자들을 사실상 논박했다. 이 문제는 원시 기독교 시대에 이교도 작가들이 우상 숭배 고발을 논박하려고 표의문자와 시인들의 우화에 담긴 암호화된 지혜를 다시 한번 내세울 때 새로운 국면을 맞이

---

4 [옮긴이] 잠바티스타 비코, 『새로운 학문』, 조한욱 옮김, 아카넷, 2019. 재현 체제 또는 문예 체계에 맞서는 '참된 호메로스'의 혁명에 관해서는 Jacques Rancière, *La Parole muette. Essai sur les contradictions de la littérature*, Paris: Hachette littérature, 1998, p. 37-40을 볼 것.

했다. 그 문제는 17세기와 18세기에 다시 등장했는데, 주해 방법의 발전과 언어의 기원에 관한 철학적 논쟁에 힘입은 것이었다. 이러한 맥락에 속하는 비코는 일석이조를 노린다. 그는 상형문자(이미지화한 문자)와 시적 우화에 숨겨진 신비로운 지혜라는 관념을 청산하고자 한다. 그는 그에 맞서 이미지를 숨겨진 의미가 아니라 그 생산 조건과 연관시키는 새로운 해석학을 내세운다. 동시에 그는 시인을 우화, 등장인물, 이미지의 발명자로 보는 시인의 전통적 이미지를 파괴하게 된다. '참된 호메로스'에 대한 비코의 발견은 시인을 우화, 캐릭터, 이미지, 리듬의 발명자로 보는 아리스토텔레스적이며 재현적인 이미지를 네 가지 점에서 논박한다. 첫째, 그는 호메로스가 우화의 발명자가 아님을 보여준다. 그도 그럴 것이 호메로스에게는 우리처럼 역사histoire와 허구fiction를 구분하는 인식이 없었다. 호메로스가 내세우는 우화가 그에게는 스토리histoire였고, 그는 그것을 자신이 받은 대로 전승했다. 둘째, 호메로스는 캐릭터의 발명자가 아니다. 용감한 아킬레우스, 꾀바른 오뒷세우스, 현명한 네스토르와 같이 그가 내세우는 캐릭터는 개별화된 캐릭터가 아니다. 그것은 시학적 목적으로 발명된 알레고리도 아니다. 그것은 추상적 관념을 이미지화한 것이며, 추상화하거나 개별화할 능력이 없는 사유가 스스로 개념화할 수도 없고 그 자체로 명명할 수도 없는 덕들—용기, 지성, 지혜, 정의—을 형상화할 수 있는 유일한 방법이다. 셋째, 호메로스는 그가 찬사를 받는 것처럼 아름다운 은유와 빛나는 이미지의 발명자가 아니다. 그는 그저 사고와 이미지가 서로 분리되지 않고 추상과 구체가 서로 분리되지 않은 시대에 살았을 뿐이다. 그의 '이미지'는 당대 인민들이 말하는 방식에 지나지 않는다. 마지막으로, 호메로스는 리듬과 박자의 발명자가 아니다. 그는 말과 노래가 동일했던 언어 단계의 증언자일 뿐이다. 사람들은 말하기 전에, 분절된 언어로 넘어가기 전에 노래를 불렀다. 노래로 표현된 말의 시적 매력은, 귀먹은 벙어리의 언어에서 여전히 볼 수 있듯, 실제로는 언어 유아기[초기 단계]의 더듬거림에 불과하다. 따라서 시인-발명자의 네 가지 전통적 특권은 그의 언어의 고유성으로 변형된다. 그 언어는 그에게 속하지 않고, 그가 마음대로 사용할 수 있는 도구가 아니며, 언어·사고·인간성의 유아기 상태를 증언한다는 점에서 그의 것이다. 호메로스는 자신이 의도한 것과 의도하지 않은 것, 아는 것과 모르는 것, 한 것과 하지 않은 것의 동일성 때문에 시인이다. 시적 행적 le fait poétique이란 이러한 대립물들의 동일성과, 말과 말해지는 것 사이의 간극과 연결되어 있다. 언어의 시적 성격과 언어의 암호화된 성격 사이에는 연관성이 있다. 그러나 이 암호화는 어떤 비밀 지식도 은폐하지 않는다. 결국 암호화는 이 말이 생산되는 과정 그 자체를 새긴 것에 지나지 않다.[5]

---

5   [옮긴이] 잠바티스타 비코, 『새로운 학문』, 조한욱 옮김, 645-714쪽 참조. "그(호메로스)가 만든 시적 인격체는 비견될 바 없이 적절한 장엄성을 갖고 있기에 호라티우스의 찬탄을 불러왔던 것인데, 그것은 '시적 형이상학'에서 정의한 것과 같은 보편적 상상력으로서 그리스 사람들은 모든 다양한 개별을 그러한 속(屬)과 결부시켜 이해하려 했던 것이다. [……] 신화는 그 기원에 있어 참되고 엄정한 진술이었기에 앞서 말했던 것처럼 뮈토스는 '참된 말'이라고 정의되었다. 그러나 처음에 그것은 너무도 조야해서 점차 본래의 의미를 잃게 되어 변하게 되었고 그 결과 개연성이 없어졌으며, 그 뒤 의미가 모호해지고 수치스러워졌으며, 마지막으로는 믿을 수 없게 되었다. 이것이 신화 해석을 어렵게 만드는 일곱 가지이며 이에 대해서는 제2권에서 쉽게 찾을 수 있다. [……] 신화의 본질을 이루는 시적 인격체는 주제의 형상과 속성을 추상해낼 능력이 없는 상태에서 자연히 태어날 수밖에 없었다. 그 결과 그것은 야만이 극도에 달했던 시대의 자연적 필요성 아래 놓인 민족 전체의 사고방식이었던 것이 확실하다. [……] 제2권의 '언어의 기원'에서 살펴본 것처럼 영웅들의 언어는 직유와 이미지와 비유의 언어였다. 그것은 사물의 속성을 적절하게 정의 내리는 데 필요한 종(種)과 속에 대한 개념이 없기에 생겨난 것인데, 민족 전체에 공통적인 자연적 필요성에서 생겨난 것이다. 역시 제2권에서 말했던 것처럼 초기의 민족이 영웅시로 말했던 것은 자연적 필요성 때문이었다. 여기에서 또다시 우리는 섭리를 찬미해야 한다. 즉 민중 문자가 아직 발명되지 않았을 당시 섭리는 운문으로 말하도록 명하여 박자와 격의 도움을 받아 그들의 기억이 가족과 도시의 역사를 더 쉽게 보존할 수 있도록 만들었다는 것이다. [……] 따라서 앞서 말한 모든 것은 민족 전체의 속성이며, 결과적으로 그 민족의 모든 개인들에게 공통적인 것이다. 그렇지만 앞서 말한 모든 특성으로부터 발생한 그 본성이 호메로스를 가장 위대한 시인으로 만들었다 할지라도, 우리는 그가 철학자였다는 것을 부정한다. [……] 이집트의 높은 신관이었던 마네토는 상형문자로 쓰인 고대 이집트의 역사를 장엄한 자

오이디푸스라는 형상은 범례적이고 보편타당한 비극적 주체로서, '참된 호메로스'라는 해석학적 형상을 전제조건으로 삼는다. 그것은 예술의 고유함이 의식적 절차와 무의식적 생산의, 의도적 행위와 비의도적 과정의 동일성으로, 즉 **로고스**logos와 **파토스**pathos의 동일성으로 구성되는 예술의 사고 체제를 전제한다. 이제 예술의 행적le fait de l'art을 증언하는 것은 바로 이 동일성이다. 이 동일성은 두 가지 상반된 방식으로 사고될 수 있다. **파토스** 안에 **로고스**가 내재하고, 비사고 안에 사고가 내재하는 것으로서. 또는 역으로 **로고스** 안에 **파토스**가 내재하고, 사고 안에 비사고가 내재하는 것으로서. 첫 번째 방식은 미학적 사고방식을 정초한 위대한 텍스트들에서 설명되며, 헤겔의 『미학 강의』에 가장 잘 요약되어 있다. 여기서 예술은, 셸링의 용어로 말하자면, 자기 밖으로 향하는 정신의 오뒷세이아이다. 헤겔의 체계화에서 이 정신은 스스로를 현상하려 한다. 즉 무엇보다 자신에게 대립하는 물질을 매개로 자신에게 스스로를 현상하려 한다. 건축되거나 조각된 돌의 밀도, 색채의 두터움, 언어의 시간

연신학으로 바꾸어놓았다. […] 우리는 '시적 지혜'에서 마네토가 했던 방식을 역으로 되돌려 신화에서 신비적 의미를 제거하고 그 본래의 역사적 의미를 복원시키려 했다."

적·음향적 물질성에서 말이다. 정신은 물질과 이미지의 이중적이고 감각적인 외부성에서 스스로를 찾는다. 거기서 스스로를 찾고 거기서 스스로를 그리워한다. 이 숨바꼭질 게임에서 정신은 감각적 물질성의 내적 빛이 되기도 하고, 석신石神의 아름다운 외양이 되기도 하며, 고딕 양식의 궁륭과 첨탑의 나무 같은 도약이 되기도 하고, 정물의 무의미함에 생기를 불어넣는 정신적 광채가 되기도 한다. 이 오뒷세이아는 미학적이고 합리적인 아름다운 외양에서 어둡고 병리적인 바다으로 돌아가는 반대 모델과 맞선다. 이 운동은, 쇼펜하우어Arthur Schopenhauer의 경우, 재현 세계의 아름다운 인과적 질서와 외양에서 등을 돌린 채 어두운 지하의 무의미한 사물 그 자체의 세계로 내려가는 것이다. 벌거벗은 무분별한 삶의 의지vouloir-vivre의 세계, 역설적으로 그렇게 불리는 '의지volonté'의 세계. 그것이 역설적인 까닭은 그 의지의 본질이 정확히 아무것도 원하지 않을뿐더러 그 통념의 통상적 의미인 목적 선택과 목적에 대한 수단들의 적응 모델을 거부하는 데 있기 때문이다. 예술의 행적 그 자체를 아폴론적 아름다운 외양 그리고 기쁨과 고통을 모두 아우르는 디오뉘소스적 충동의 양극성polarité과 동일시하는 것은, 니체의 경우, 양극성을 부정하려는 바로 그 형태

속에서 드러난다.

무언의 말의 두 형태

정신분석학의 탄생은 역사적으로 볼 때 쇼펜하우어와 젊은 니체를 철학적 영웅으로 삼고, 졸라Émile Zola에서 모파상Guy de Maupassant, 입센Henrik Johan Ibsen 또는 스트린드베리Johan August Strindberg에 이르기까지 날것의 삶의 순수 무의미나 어둠의 힘과의 조우에 빠져드는 문학에서 지배적인 이 대항-운동의 한가운데 자리한다. 그러나 이는 한 시대의 관념과 테마의 영향에 대한 문제가 아니라, 더 정확하게는 사고에 대한 특정 관념과 글쓰기에 대한 특정 관념에 의해 정의되는 가능태들의 체계le système des possibles 내에서의 위치에 대한 문제이다. 미학이라고 불리는 침묵의 혁명은 사고 관념과 그에 상응하는 글쓰기 관념이 발전할 수 있는 공간을 열어준다. 이 사고 관념은 근본적 가정에 기초한다. 곧 사고하지 않는 사고가 있다는 것, 이질적인 비사고의 요소뿐만 아니라 비사고의 형태 그 자체에서도 작동하는 사고가 있다는 것. 거꾸로, 사고에 거하며 그것에 특정한 힘을 부여하는 비사고가 있다. 이 비사고는 단순히 사고의 부재 형태가 아니라 그 반대(비사고)의 효과적 현존이다. 따라서 어느 측면에서 보든 간에 사고와 비사고의 동일성이 존재하며, 이 동일성은 특정한 힘을 갖추게 된다. 이러한 사고 관념에 글쓰기 관념이 상응한다. 글쓰기는 단순히 말이 현시되는 한 형식인 것만은 아니다. 그것은 말 그 자체와 그것의 본래적 힘에 대한 관념이다. 플라톤에게 글쓰기가 물질적 지지체에 쓰인 기호의 물질성뿐만 아니라 말의 특정 지위임은 잘 알려져 있다. 그에게 글쓰기는 무언의 **로고스**logos, 즉 그것〔글쓰기〕이 말하는 바와 다르게 말하거나 〔자신의〕 말을 멈출 수도 없고, 그것이 발설하는 것을 설명할 수도 없으며, 그것이 누구에게 말을 건네는 것이 적절하고 적절하지 않은지 분별할 수도 없는 것이다. 이 말 없으면서 동시에 수다스러운 말은 행동하는 말과, 즉 전달해야 할 의미와 달성해야 할 효과에 의해 이끌리는 말과 대비된다. 플라톤에게 〔행동하는 말이란〕 자신의 말을 명확히 설명하는 동시에 따로 남겨놓을 줄 아는, 즉 속인들에게서 그 말을 빼앗아 열매를 맺을 수 있는 사람의 혼에 씨앗처럼 심어둘 줄 아는 주인의 말이다. 고전적 재현 질서에서 이 '살아 있는 말parole vivante'은 행동하는 위대한 연설과, 그러니까 혼이나 몸을 뒤흔들고 설득하고 교화하며 인도하는 연설가의 살아 있는 말과 같다. 그것을 모델 삼아 고안된, 의지와 열정의 극한

까지 나아가는 비극적 영웅의 말도 살아 있는 말이다.

재현적 질서에 규범을 부여하는 이 살아 있는 말에 맞서, 미학적 혁명은 그에 상응하는 말의 양식을, 즉 말하면서 동시에 침묵하는, 자신이 무엇을 이야기하는지 알면서도 모르는 모순적 말의 양식을 내세운다. 미학적 혁명은 살아 있는 말에 글쓰기를 대립시키는 것이다. 그러나 그것은 사고와 비사고 사이 관계의 두 반대되는 형태에 대응하는 두 커다란 형상을 통해서 그렇게 한다. 그리고 이 형상들의 양극성polarité은 하나의 동일 영역의 공간을, 다시 말해 증상의 말로서 문학적 말의 공간을 스케치한다.[1]

무언의 글쓰기란, 그 첫 번째 의미에서, 무언의 사물 자체가 담지하는 말이다. 그것은 광물학 시인 노발리스

---

1 Cf. Jacques Rancière, *La Parole muette. Essai sur les contradictions de la littérature*, Paris: Hachette littérature, 1998. [옮긴이] 위의 책, p. 14 참조.
"해방된 '문학'에는 두 가지 커다란 원칙이 있다. 재현적 시학의 규범에 대해 문학은 내용에 대한 형식의 무차별을 맞세운다. 시-허구라는 관념에 대해 문학은 언어의 고유한 양식으로서 시 관념을 맞세운다. 두 원칙은 양립할 수 있을까? 사실 그 두 원칙은 모두 행위하는 말(parole en acte)의 오래된 미메시스(mimesis)에 대해 고유하게 글쓰기(l'écriture)의 예술을 맞세운다. 글쓰기는 그것을 인도하고 보증하는 모든 몸에서 떨어져나간 고아 같은 말일 수도 있고, 반대로 저 자신의 관념을 제 몸 안에 담고 있는 상형문자일 수도 있다. 문학의 모순이란 바로 이 두 가지 글쓰기의 긴장일 수 있다."

Novalis가 "모든 것은 말한다tout parle"라고 요약한바, 즉 사물의 몸 그 자체에 새겨진 의미작용의 힘이다.[2] 모든 것은 흔적, 유물, 화석이다. 돌이나 조개껍데기부터 시작해서 모든 감각적 형태는 말을 한다. 줄무늬 홈과 소용돌이꼴 기둥 장식에 새겨진 채 모든 형태에는 역사의 흔적과 목적지의 기호가 남아 있다. 따라서 문학적 글쓰기는 사물에 쓰인 이 역사의 기호를 해독하고 [그것을] 다시 쓰는 작업으로 등장한다. 발자크Honoré de Balzac는 이 새로운 글쓰기 관념을 『나귀 가죽La Peau de chagrin』 서두에서 요약하고 찬양한다. 그 결정적 페이지에서 발자크는 골동품 가게를 새로운 신화학의 상징으로, 소비의 잔해가 켜켜이 쌓인 환상 이야기의 상징으로 묘사한다. 새로운 시대의 위대한 시인은 혼의 동요를 보도하는 리포터인 바이런George Gordon Byron이 아니라 오히려 뼈에서 동물 개체군을 재구성하고 족적 화석에서 숲을 재구성하는 지질학자이자 박물학자인 퀴비에Georges Cuvier

---

[2] [옮긴이] 노발리스의 원문은 다음과 같다.
"인간만 말하는 것이 아니다—우주도 **말한다**—모든 것은 말한다—끝없는 언어를(Der Mensch spricht nicht allein—auch das Universum spricht—alles spricht—unendliche Sprachen)" (Das Allgemeine Brouillon, Nr. 234). Novalis, *Schriften: Die Werke Friedrich von Hardenbergs III*, Hrg. von Pau Kluckhohn und Richard Samuel, Stuttgart, W. Kohlhammer, 1960, s. 267-268.

이다.[3] 그와 더불어 (다음과 같이) 예술가에 대한 새로운 관념이 정의된다. 예술가란 사회 세계의 미로나 지하를 여행하는 자이다. 그는 유물을 수집하고, 그려진 상형문자를 모호하거나 평범한 사물들의 짜임새 그 자체로 옮겨 적는다. 그는 세상의 산문la prose du monde의 하찮은 세부에 시적이고 중요한 이중의 힘을 부여한다. 그는 장소의 지형, 파사드의 외관, 의복의 모양과 마모 상태, 상품이나 쓰레기 진열대의 혼돈 속에서 신화학의 요소들을 인식한다. 그리고 이 신화학의 형상들 속에서 한 사회, 한 시대, 한 집단의 진짜 역사를 인식하게 해주고 개인이나 민족의 운명을 예감하게 해준다. **모든 것은 말한다**는 이 말은 재현적 질서의 위계가 폐지되었음을 뜻하기도 한다. 무시해도 좋은 '세부' 따위는 없으며 반대로 우리를 진실의 길로 인도하는 것이 바로 그런 세부라는 프로이트의 중요한 규칙은 미학적 혁명의 직접적 연속성 상에 있다. 고상한 주제와 범속한 주제도 없고, 중요한 내

---

3 Honore de Balzac, *La Peau de chagrin*, Paris: Gallimard, coll. «Folio», 1974, p. 47. [옮긴이] 오노레 드 발자크, 『나귀 가죽』, 이철의 옮김, 문학동네, 2010. 골동품 가게 진열장의 다양한 물품에 대한 묘사는 45–47쪽, 소비의 잔해가 자아내는 환상 이야기는 48–50쪽, 당대 가장 위대한 시인으로 퀴비에를 추켜올리는 대목은 55–57쪽 참조.

무언의 말의 두 형태

러티브 에피소드와 부수적인 묘사 에피소드도 없다. 그 안에 작품의 힘이 담기지 않은 에피소드, 묘사, 문장은 없다. 언어의 힘이 담기지 않은 사물은 없기 때문이다. 모든 것이 동등하게, 똑같이 중요하고, 똑같이 의미 있다. 『폼 경기를 하는 고양이 가게La Maison du chat qui pelote』의 화자는 가게의 파사드 앞으로 우리를 안내한다. 그곳의 비대칭적 개구부, 어지럽게 움푹 들어가고 튀어나온 부분은 상형문자 조직을 형성하며, 거기서 가게의 역사―그것이 증언하는 사회의 역사―와 그곳에 거주하는 사람들의 운명을 해독할 수 있다. 혹은 『레미제라블Les Misérables』을 쓴 소설가는 하수구에 우리를 빠뜨리는바 하수구는 견유파 철학자처럼 모든 것을 말하고, 문명이 쓰고 버리는 모든 것을, 즉 가면과 장식과 일상용품을 동등하게 그러모은다. 새로운 시인, 지질학 시인 또는 고고학 시인은 어떻게 보면 『꿈의 해석』의 학자가 하는 일을 수행한다. 그는 하찮은 것은 없다고 가정하고, 실증주의적 사고에 의해 무시당하고 단순한 생리적 합리성으로 환원되는 산문적 세부들이 역사를 암호화하는 기호라고 가정한다. 그러나 그는 또한 이 해석학의 역설적 조건을 제기한다. 곧 진부한 것이 그 비밀을 드러내려면 그것이 먼저 신화화되어야 한다는 것. 상점이나 하수구는 말한다. 그것들은 그 안에 진실의 흔적을 담고 있다. 꿈이나 말실수, 마르크스적 상품도 그것들이 먼저 신화학이나 판타스마고리아fantasmagorie의 요소로 변형되어야만 진실의 흔적을 가지게 될 것이다.[4]

---

4 [옮긴이] 『나귀 가죽』과 『레미제라블』을 통해 문학을 설명하는 다음 텍스트를 참조할 것. Jacques Rancière, "Les hommes comme animaux littéraires," *Et tant pis pour les gens fatigués*, p. 142-143. 자크 랑시에르, 『자크 랑시에르와의 대화』, 박영옥 옮김, 인간사랑, 2020, 183-184쪽.
"그러나 문학은 단지 역사가를 위한 자원이 아닙니다. 문학은 말의 민주적인 나눔이 실행되는 장소가 아닐까요?

문학은, 그 용어의 역사적 의미에서, 사실상 장르 체계의 파괴입니다. 장르 체계에서는 주제의 고양―혹은 비천함―에 따라 장르가 한정되고, 이 장르에 적합한 표현 형식이 정해지곤 했죠. 고전적 장르 체계를 떠받치는 근거는 위와 아래의 나눔, 즉 중요한 사건, 중요한 인물, 고귀한 감정에 적합한 글쓰기 형식이 있고, 천한 사람들 및 천한 형식에 적합한 글쓰기 형식이 있다는 사실입니다. 그 두 글쓰기 형식은 비극 대 희극의 대립으로 요약되죠. 문학은 이러한 위계의 파괴이며, 본질적으로 소설의 지위 향상을 통해 완수됩니다. 사실 소설은 언제나 형식과 내용 간에 필연적 관계가 전혀 없고, 인물과 말투가 뒤죽박죽인 글쓰기 형식이었습니다. 소설은 정박이나 뿌리내림에서 떨어져나간 말의 장소였습니다. 이런 뜻에서 우리는 소설이 말의 민주적 형식이라고, 즉 사회적 행위자 유형과 사회적 수용자 유형 사이의 정해진 관계를 특징으로 하는 말의 조절된 상황을 부정하는 형식이라고 말할 수 있습니다. 이것이 [문학의] 첫 번째 측면입니다. 그러나 소설의 사회적 비규정성은 그것의 비형식적 형식을 과학(세계를 해독하는 양식)으로서의 문학 프로젝트가 완수되는 장소로 만들기도 했습니다. 소설에서는 다음 두 현상의 통접이 일어납니다. [한편으로] 말의 분산과 비합법화 현상―이것은 동시에 말의 내적인 질감(texture)과 말의 사회적 순환 양식을 표지합니다―이 있고, [다른 한편으로] 문학을 세계에 내재하는 시학성(poéticité)의 계시로, 다시 말해 세계의 역사 안에 다소 감춰진 기호들의 계시로 생각하는 지식의 목표가 있습니다. 이것이 바로 『나귀 가죽』에서 발자크가 파편으로부터 세계를 재구성하는 퀴비에의 지질학적 시와 바이런의 주관적 시 사이에 설정한 그래서 작가는 사회 세계의 미로를, 나중에는 자아의 미로를 여행하는 지질학자 또는 고고학자이다. 작가는 유물을 수집하고, 화석을 발굴하며, 한 세계를 증언하는 기호들을 옮겨 적고 이야기를 써 내려간다. 사물들의 무언의 글쓰기는 한 문명이나 한 시대의 진실을, 즉 한때 영광을 누린 '살아 있는 말'의 무대가 덮어버린 진실을 산문의 형태로 전달한다. 살아 있는 말이란 이제 헛된 웅변의 무대, 피상적인 선동 연설에 지나지 않는다. 그러나 해석학자는 또한 활기찬 개인과 활력 넘치는 사회가 앓고 있는 병을 진단하는 의사이자 증상학자이기도 하다. 박물학자이자 지질학자인 발자크는 개인과 사회의 강렬한intense 활동의 중심에서 질병을, 이 강도intensité와 동일한 질병을 감지하는 의사이기도 하다. 발자크는 이 강도를 **의지**volonté라고 부른다. 의지는 사고를 현실로 변

대립입니다. 그리고 『잃어버린 환상(Illusions Perdues)』이나 『레미제라블』은 한 사회를 구성하는 기호들의 그물망의 전개이자 해독일 것입니다. 소설을 통해 문학의 고유하게 해석학적인 전통이 세워집니다. 여기서 문학은 정치를 벗어나는 사회적 기호들을 읽는 것이죠. 내 생각에 중요한 것은, 문학이 대혁명 이튿날 그렇게(사회적 기호들에 대한 독해로) 스스로를 선언했다는 사실, 즉 연단이나 연설가의 담론 아래로 지나가 세계의 심원한 현실을 구성하는 것을 읽으러 가는 담론으로서 스스로를 선언했다는 사실입니다. 따라서 소설은 지질학자가 하듯이 역사의 파묻힌 지층과 화석을 계시하게 되는 위대한 시-과학(poésie-science)으로서 주어집니다."

형하고자 함으로써 개인과 사회를 파멸로 이끄는 질병이다. 나는 앞서 그에 대해 암시했다. 19세기 문학사는 이 '의지'의 변형의 역사이다. 자연주의 및 상징주의 시대에, 의지는 비인격적 운명, 감수해야 할 유전, 이성 없는 삶의 의지vouloir-vivre의 성취, 어둠의 힘의 세계가 의식의 가상에 가하는 공격이 될 것이다. 문학적 증상학은 히스테리, '신경증', 또는 과거의 무게를 중심으로 하는 사고의 병리에 대한 문학에서, 묻혀 있는 비밀에 대한 이 새로운 극작법에서 그 지위를 바꾸게 될 것이다. 이 극작법에서는 유전과 인종의 심오한 비밀이, 그리고 종국엔 삶이 적나라하고 터무니없다는 사실의 심오한 비밀이 개인사들을 통해 드러나게 된다.

따라서 이 문학은 내가 위에서 말한 **로고스**와 **파토스**의 동일성과는 다른 동일성과, 즉 첫 번째와 달리 명석한 것에서 모호한 것으로 이어지고, **로고스**에서 **파토스**로, 즉 순수한 실존적 고통과 삶의 무의미의 단순 재생산으로 이어지는 동일성과 연결된다. 그것은 또한 다른 형태의 무언의 말을 작동시킨다. 이 무언의 말은 더는 몸에 새겨져 해독의 대상이 되는 상형문자가 아니다. 그것은, 말 그 자체의 비인격적이고 무의식적인 조건을 제외하고는 누구에게도 말하지 않고 아무것도 말하지 않는, 독백의 말이다. 프로이트 시대에 마테를링크Maurice Maeterlinck는 이 두 번째 형태의 무언의 말, 무의식적 담화를 가장 강력하게 이론화했다. 입센의 드라마들에 나오는 '2도 대화dialogue du second degré'를 분석하면서 말이다. 이 대화는 더는 등장인물들의 사고, 감정, 의도를 표현하는 게 아니라 대화에 출몰하는 '제3의 인물'의 사고, 미지l'Inconnu와의 대결, 삶의 익명적이고 무의미한 힘들과의 대결을 표현한다.[5] "이 움직이지 않는 비극의 언

---

5   [옮긴이] "마테를링크에 따르면, 상징주의 드라마에는 두 유형의 대화가 있다. 첫 번째는, 일상적 대화로서, 현실을 드러내지 않더라도 사건을 표현하고 그 사건에 뒤따르는 단어들로 구성된다. 이 '외부적으로 필요한 대화'는 희곡을 지각하고 이해하는 데 중요하다. 그것은 (1) 명백히 잉여적인 단어와 (2) 표현되지 않은 발언으로 구성되며 (1도 대화와) 나란하게 진행되는 '2도 대화'의 발전에 필수 불가결하다."

"물리적으로 지각할 수 있는 인물 말고 항상 보이지 않는 신비한 인물이 있는바, 이 인물은 드라마의 주요 형이상학적 요소로서 '미지'에 거하며, 이 미지를 현시한다. 직관적 수용에 가장 민감한, 따라서 드라마에서 직관의 담지자인 인물은 이 '제3의 인물'의 도착과 현존을 감지하지만, 다른 인물들은 이 제3의 인물을 여전히 알지 못하기에 그들은 첫 번째 인물의 말을 반박하거나 그를 경멸하게 된다. '제3의 인물'은 보이지 않기에, 직관의 담지자들은 그를 부정형의 표현('누군가[quelqu'un]', '뭔가[quelque chose]')으로 지칭한다. 〈틈입자[L'Intruse]〉에서 눈먼 할아버지는 이 '제3의 인물'을 여느 마테를링크식 인물들보다 더 날카롭게 지각한다. "누군가 기다리는 줄 알았구먼. 아무도 안 왔나? […] 내가 그걸 말하지 않길 바라는군! 뭔가 있는 게 분명해! […] 누군가를 방으로 데려왔구나!" 할아버지는 이 '누군가'가 온 가족이 모인 식탁에 앉아 있고 심지어 바로 자기 옆에 앉아 있다고 확신하건만, 다른 사람들은 그의 말을 반박하며 (그가) 꿈을 꾸거나 횡설수설한다고 비난한다." Lado Kralj,

어"는 "우리가 갇혀 있는 인공 요새의 흉벽 틈새로 빛나는 손을 내미는 존재의 무의식적 몸짓"을, "우리에게 속하지 않고, 본능의 문을 두드리는 손"의 두들김을 옮겨 적는다.[6] 마테를링크는 실질적으로 우리가 그 문을 열 수는 없지만 "문 뒤에서 두들기는 소리"는 들을 수 있다고 말한다. 한때 '행위의 배열'에 전념했던 극시poème dramatique를 이러한 두들김의 언어, 우리의 생각에 출몰하는 비가시적 군중의 말로 바꿀 수 있다. 어쩌면 이런 말을 무대 위에 구현하는 데 필요한 것은 더는 배우/등장인물의 인간적 몸이 아니라 "생명이 없으면서도 생명의 모양새를 띤" 존재의 몸, 즉 다중적이고 익명적인 목소리에 적합한 그림자나 밀랍인형 같은 몸일 것이다.[7] 그리고 마

"Le théâtre d'Androïdes: Tendances de dissolution du matériel dans le théâtre de Maeterlinck, Mallarmé et Craig," *Babel*, 6, 2002, p. 243-263 참조.

6 Maurice Maeterlinck, "Menus propos: le théâtre (un théâtre d'androïdes)", *Introduction à une psychologie des songes et autres écrits*, Bruxelles: Labor, 1985, p. 83, 그리고 "Le tragique quotidien," *Le Trésor des humbles*, Bruxelles: Labor, 1986, p. 99-110. 나는 마테를링크가 쇼펜하우어의 '니힐리즘'이 아니라 에머슨(Ralph Waldo Emerson)과 신비주의 전통을 원용하고 있음을 모르지 않는다. 하지만 여기서 내가 관심 두는 것은—게다가 두 전통의 혼합으로 이어지는 것은— 귀먹은(들리지 않는) 말(la parole sourde)의 동일한 상태, 존재의 무의식적 '의지 vouloir'의 표현이다.

7 Maurice Maeterlinck, "Menus propos…," *Introduction…, op. cit.*, p. 87.
[옮긴이] "어쩌면 생명 존재를 무대에서 완전히 쫓아내야 할 수도 있다. [⋯⋯] 인

테를링크는 거기서 빌리에 드 릴라당Villiers de L'Isle-Adam 의 소설 속 공상[8]과 연극의 미래—에드워드 고든 크레이그Edward Gordon Craig의 초인형[9] 또는 타데우시 칸토르

간 존재가 그림자, 반영, 상징적 형상의 투사로 대체될 것인가, 아니면 생명이 없으면서도 생명의 모양새를 띤 존재로 대체될 것인가? 모르겠다. 허나 인간의 부재는 필수 불가결한 듯하다. [……] 생명 없는 어떤 존재가 무대 위의 인간을 대체해야 할는지 예측하기는 어렵지만, 예컨대 밀랍 인형 갤러리에서 느끼는 기묘한 인상은 오래전부터 우리를 죽은 예술의 또는 새로운 예술의 발자취 뒤에 놓았을 수도 있을 것 같다. 그렇다면 더는 주인공의 정체성을 지우지 않을 운명 없는 존재가 무대 위에 서게 될 것이다."

8 [옮긴이] 오귀스트 드 빌리에 드 릴라당(1838-1889)은 프랑스의 시인, 소설가, 극작가이다. 그가 1886년 발표한 『미래의 이브(L'Ève future)』는 토마스 에디슨이 창조한 완벽한 여성 안드로이드 '알리시아'를 중심으로 전개된다. 알리시아는 인간의 감정, 지성, 아름다움을 초월한 인공적인 존재로 그려진다.

9 [옮긴이] 에드워드 고든 크레이그(1872-1966)는 영국의 무대디자이너이자 연출가이다. 상징주의 무대예술의 선두주자로 꼽힌다. 1905년 『연극예술론(On the Art of the Theatre)』에서 연극 고유의 예술적 성격을 주장하며 연출의 중요성을 강조했다. 1906년 헨리크 입센의 〈로스메르스홀름(Rosmersholm)〉의 무대장치를 맡아 명성을 얻었고, 1907년 중요한 연극 선언 「배우와 초인형(The Actor and the Über-marionette)」을 썼으며, 1908년 『더 마스크(The Mask)』지에 그 글을 발표했다.

크레이그는 배우가 저 자신의 감정에 사로잡혀 연출의 의도와 다른 동작, 얼굴 표현, 목소리를 드러내서는 안 된다고 보면서 그 자리를 '초인형'이라는 무생물적 물체가 대체해야 한다고 보았다.

"초인형이란 개념은 연기자에다 불같은 열정을 더하고 거기에서 이기주의를 뺀 것이라 생각하면 돼요. 초인형이란 개념을 말할 때 30미터 높이의 나뭇조각 얘기나 하는 줄로 알겠지요. [……] 연기자는 무대를 비워줘야 합니다. 그리고 그 자리는 무생물적 물체가 차지하게 될 것입니다. 우리는 그것을 일단 초인형이라고 부르고자 합니다. [……] 오늘날, 많은 사람들은 그 인형을 말하자면 발전된 형태의 장난감쯤으로 여기고, 그것이 장난감에서 유래한다고 믿고 있습니다. 그런데 그건 그렇지 않아요. 그 인형은 옛날 사원에 있던 석상의 후예입니다. 지금

Tadeusz Kantor의 죽음의 연극[10]—를 연결하는 안드로이드 연극에 대한 아이디어를 끌어낸다.

은 퇴락해버렸지만 신의 형상입니다." 에드워드 고든 크레이그, 『연극예술론』, 남상식 옮김, 현대미학사, 1999, 35쪽.
    니체의 초인 개념을 참조한 이 초인형(über-marionette)은 무대의 다른 재료들과 한 치의 오차도 없이 맞물리는 재료로서, 탈심리화된, 탈개인화된 기계적 연기자인 동시에 현실을 넘어 황홀경에 빠진 신적인 육체를 가리킨다. 정하니, 「고든 크레이그의 연극 예술론」, 『엔터테인먼트 연구』 창간호, 2018, 10쪽 참조.
10   [옮긴이] 타데우시 칸토르(1915-1990)는 폴란드의 연극실험가, 연출가이다. 대표작으로 〈죽음의 교실(The Dead Class)〉(1975), 〈빌로폴 빌로폴(Wielopole Wielopole)〉(1980)이 있다. 칸토르는 「죽음의 연극(The Theatre of Death)」 선언에서 에드워드 고든 크레이그를 따라 배우를 제거해 그를 인형으로 대체하고 초인형의 상상력의 연극으로 돌아가야 한다고 주장했다.
"〈죽음의 교실〉의 배우들은 —연극적 의례에 충실하자면— 공연에서 어떤 배역을 맡게 된다. 그렇지만 그들은 그 배역에 전적으로 집착하지 않는다. 그들의 연기는 기계적으로, 기껏해야 일반적인 습관을 반복해나가는 것처럼 보일 뿐이다. 심지어 우리는 연기자들이 역할 연기의 사실을 인정하기를 거부하고 단순한 동작선만 되풀이하거나, 동작을 모방하여 망설임 없이 그냥 움직이고만 있다는 인상을 받는다. 배역들은 마치 솜씨 없고 부주의하게 행해지는 것처럼 계속적으로 소멸되고, 그럼으로써 배역과 연기 사이에 커다란 틈(gaps)이 나타나게 된다. 공연의 많은 조각들은 사라지고 관객들은 오직 어림짐작과 직관만을 통해 인식하게 된다.
    이 공연에는 궁극적으로 배우들에 의해 행위 되어지는 희곡은 존재하지 않는다. 만약 하나의 행위로 묶으려는 시도가 있더라도 이 죽음의 연극에서 공연되어 실제로 존재하는 '놀이'와는 별 상관이 없다.
    이러한 등장인물의 창조, 부주의한 움직임, 그럴듯한 꾸밈, 피상적인 연기, 결코 끝나지 않을 것 같은 문장, 공중에 발산되는 짓거리들, 볼거리로 보이는 모든 것(몇몇 장면들은 그렇게 보이도록 의도된 것처럼 보인다), '쓸모없는 행위', 이 모든 것들은 우리에게 덧없음에 대한 깊고 오묘한 맛과 가장 먼 미지의 영역, 즉 죽음을 경험하게 해준다." 타데우즈 칸토르, 「죽음의 교실」, 정용환 옮김, 『공연과 리뷰』 제62호, 2008, 75-76쪽.

예술의 미학적 체제와 한 몸인consubstantiel 미학적 무의식은 무언의 말의 이중적 무대의 양극성 속에서 나타난다. 한쪽에는 몸에 쓰인 말. 그것은 해독하고 다시 쓰는 작업을 통해 언어적 의미를 회복해야 한다. 다른 한쪽에는 무명無名의 힘의 귀먹은(들리지 않는) 말. 그것은 모든 의식과 모든 의미 배후에 숨어 있으며, 목소리와 몸을 부여받아야 한다. 이 익명의 목소리와 유령 같은 몸이 인간 주체를 거대한 포기의 길로, 쇼펜하우어적인 그림자가 이 무의식의 문학에 온전히 드리워진 의지의 무로 이끌더라도.[11]

---

11 [옮긴이] 랑시에르는 『이미지의 운명』에서 무언의 말의 두 형태—사물의 몸에 직접 기입된 사물의 의미작용, 즉 독해해야 할 사물의 가시적 언어, 그리고 사물의 완고한 침묵—에서 출발해서 두 가지 이미지-기능들—몸에 담긴 새김글의 펼침, 그리고 의미작용 없는 몸의 벌거벗은 현존의 중단 기능—을 거쳐 미학적 이미지의 이중적 역량—어떤 역사의 기호들의 기입, 그리고 무엇과도 교환되지 않는 날것의 현전이 지닌 변용 역량—으로 나아간다. 자크 랑시에르, 『이미지의 운명』, 김상운 옮김, 현실문화연구, 2014, 32-38쪽 참조.

하나의 무의식에서 다른 무의식으로

다시 말해보자. 나는 이 미학적 무의식의 문학적·철학적 형상을 대강(큰 특징들 중심으로) 스케치하면서 그 특징들을 되풀이하는 식으로 취하는 프로이트의 무의식의 계보를 수립하려는 게 아니다. 정신분석학이 발전해 온 의학적·과학적 맥락을 망각하려는 것도 아니고, 프로이트의 무의식 개념, 충동의 경제, 무의식의 형성에 관한 연구를 무의식적 지식 및 사고하지 않는 사고에 대한 케케묵은 관념 속에 용해하려는 것도 아니다. 프로이트의 무의식이 그것(문학과 예술)에 숨겨진 비밀을 밝히겠다고 주장하면서 알게 모르게 이 문학과 이 예술에 어떻게 의존하고 있는지 보임으로써 판을 뒤집을 생각도 없다. 중요한 것은 오히려 미학적 무의식과 프로이트의 무의식 사이에 성립하는 공모와 갈등 관계를 지적하는 것이다. 우리는 먼저 프로이트 그 자신이 『꿈의 해석』에서 스케치한 정신분석학의 발명 상황에 대한 정보들에서 출발해 위 두 무의식 간 마주침의 쟁점을 정의할 수 있다. 그 상황에서 정신분석학은 모종의 과학 개념과, 즉 정신이 잠들었을 때 그것이 겪는 기상천외한 일들을 무시해도 좋은 데이터들로 취급하거나 그것들을 식별가능한 물질적 원인들로 귀착시키는 실증주의 의학 개념과 맞선다. 이러한 실증주의에 맞서 프로이트는 정신분석학자가 꿈의 의미작용에 대한 민간 신앙이나 오래된 신화학적 배경들과 동맹을 맺기를 바란다. 그러나 사실 또 다른 동맹이 『꿈의 해석』을 통해서 조직되며, 그것은 『그라디바 Gradiva』에 관한 책[1]에서 설명된다. 괴테나 실러, 소포클레스나 셰익스피어 William Shakespeare, 또는 포퍼-린케우스 Josef Popper-Lynkeus나 알퐁스 도데와 같이 명성은 덜하지만 자신과 가까운 이러저러한 작가들과의 동맹 말이다. 이는 단순히 프로이트가 과학 대가들의 권위에 맞서 문화계 거장들의 권위를 내세우려 하기 때문만은 아니다. 더 근본적으로, 이 거장들은 새로운 학문이 수행하는 아케론 Achéron으로 가는 여정을 인도할 길잡이이다. 그들이 길잡이인 까닭은 바로 실증적 과학과 민간 신앙 또는 전설적 배경 사이의 공간이 비어 있지 않기 때문이다. 사고하는 사고와 사고하지 않는 사고를 통합하는 특정 양식으로 예술의 사태들 les choses de l'art을 재정

---

1 [옮긴이] 지크문트 프로이트, 「빌헬름 옌젠의 『그라디바』에 나타난 망상과 꿈」, 『예술, 문학, 정신분석』, 정장진 옮김, 열린책들, 2003, 7–119쪽.

의한 것은 바로 이 미학적 무의식의 영역이다. 그 영역은 심층으로 내려가는 여행을 떠나고, 무언의[말 없는] 기호를 설명하며, 귀먹은[들리지 않는] 말을 옮겨 적는 문학이 점유하고 있다. 이 문학은 기호를 전시하고 명시하는 시학적 실천을 문명, 그것의 빛나는 외양과 어두운 심층, 그것의 질병과 그에 맞는 의술에 대한 특정 관념과 이미 연결했다. 이 관념은 히스테리 형상들과 퇴행증후군에 대한 자연주의 소설의 관심을 훌쩍 뛰어넘는다. 그리고 정신psychè에 대한 의학과 새로운 학문의 발전이 가능한 까닭은 과학과 미신 사이에 펼쳐지는 사고와 글쓰기의 영역이 존재하기 때문이다. 그러나, 정확히는, 바로 이 기호학적이고 증상학적인 장면의 일관성이 프로이트와 작가 또는 예술가가 그저 이해관계로 뭉치는 동맹 전술을 가로막는다. 프로이트가 기대는 문학은 무의식에 대한 그것 나름의 관념, 사고의 **파토스**, 문명의 질병과 의술에 대한 그것 나름의 관념을 가지고 있다. 실용적인 활용성도 없고 무의식적인 연속성도 있을 수 없다. 사고하지 않는 사고의 영역이란 프로이트가 단지 동반자이자 동맹군을 찾아 홀로 탐험하게 되는 왕국이 아니다. 그곳은 이미 점유된 영토이며, 하나의 무의식이 다른 무의식과 경합하고 갈등하는 영역이다.

이 이중의 관계를 파악하려면 그 질문의 일반성으로 돌아가야 한다. 즉, 프로이트는 예술사'에서' 무엇을 하고 있는가? 이 질문 자체가 이중적이다. 프로이트를 예술사가 혹은 예술분석가가 되도록 추동하는 동인은 무엇인가? 레오나르도, 미켈란젤로의 〈모세〉, 옌젠의 『그라디바』를 다루는 [프로이트의] 일관된 분석들이나 호프만E. T. A. Hoffmann의 『모래 사나이L'Homme au sable』나 입센의 『로스메르스홀름Rosmersholm』에 관한 [프로이트의] 보다 간결한 언급들의 쟁점은 무엇인가? [그는] 어째서 이 작품들을 예로 드는가? 그는 이 예들에서 무엇을 찾고 있으며, [그것을] 어떻게 다루고 있는가? 첫 번째 질문은, 앞서 보았듯, [다음의] 두 번째 질문을 함축한다. 곧 예술사에서 프로이트가 점하는 자리를 어떻게 사고할 것인가? '예술분석가'로서의 프로이트의 자리뿐 아니라 학자, 정신psychè 의사, 정신의 형성과 장애에 대한 해석가로서의 프로이트의 자리는 무엇인가? 이렇게 이해된 '예술사'는 작품이나 유파의 계승과는 전혀 다른 것이다. 그것은 예술의 사고 체제의 역사이며, 예술의 사고 체제란 실천들을 접속시키는 특정한 양식, 이 실천들의 가시성과 사고가능성의 양식, 다시 말해 결국 사고 그 자체에 대한 관념이다.[2] 그렇다면 이중의 질문이 다음과 같이 다시 정식화될 수 있다. 프로이트는 예술가의 작품이나 사고를 분석할 때 무엇을 찾고 발견하는가? 그 분석에 투자된 무의식적 사고 관념은 역사적 체제, 즉 예술의 미학적 체제를 규정하는 관념과 어떤 연관성이 있는가?

우리는 두 이론적 이정표에 근거해 위 질문들을 제기할 수 있다. 첫 번째 이정표는 프로이트 그 자신이 언명한 것이고, 두 번째 이정표는 그의 분석에서 특권적 위치를 차지하는 작품들과 인물들에서 도출되는 것이다. 앞서 보았듯이 프로이트는 정신분석가와 예술가 사이에, 특히 정신분석가와 시인 사이에 객관적인 동맹이 있다고 단언한다. 그는 『빌헬름 옌젠의 『그라디바』에 나타난 망상과 꿈Délire et rêves dans la *Gradiva* de Jensen』 서두에서 "시인과 소설가는 [정신분석가의] 소중한 동맹군"이라고 단언한다.[3] 정신psychè에 관해서는, 인간 정신활동의 독특

---

2 이 점에서 관해서는 내 책을 참조하길 바란다. Jacques Rancière, *Le Partage du sensible. Esthétique et politique*, Paris: La Fabrique, 2000. [자크 랑시에르, 『감성의 분할』, 오윤성 옮김, 도서출판b, 2008].

3 Sigmund Freud, *Délire et rêves dans la* Gradiva *de Jensen*, trad. Marie Bonaparte, Paris: Gallimard, 1949, p. 109. [Sigmund Freud, *Delusions and Dreams in Jensen's* "*Gradiva*," Standard Edition, vol. 9. p. 8. 지크문트 프로이트, 『예술, 문학, 정신분석』, 정장진 옮김, 열린책들, 13쪽].

한 형성 및 그 숨겨진 원동력에 관한 인식에 관해서는, 시인과 소설가의 지식이 학자들의 지식보다 앞서 있다. 따라서 그들은 학자들이 모르는 것들을 알고 있다. 아닌 게 아니라 그들은 실증과학이 망상의 무 또는 단순한 물리적·생리적 원인에 기인하는 것으로 치부하는 이 환상적 구성 요소의 중요성과 그 합리성을 인식하기 때문이다. 따라서 그들은 정신분석가의 동맹군, 정신의 모든 현시를 똑같이 중히 여기고 '판타지fantaisies', 일탈 및 무의미에도 심오한 합리성이 있다고 선언하는 학자의 동맹군이다. 때때로 과소평가되는 중요한 포인트를 강조하도록 하자. 예술에 접근하는 프로이트의 방식은 시와 예술의 숭고함을 탈신비화하고 이를 성적인 충동 경제로 환원하려는 의지에서 비롯하는 것이 전혀 아니다. 그것은 위대한 창조 신화 배후에 숨어 있는 작은 비밀―어리석거나 더러운―을 밝히려는 욕망에 응답하는 것도 아니다. 오히려 프로이트는 예술과 시가 '판타지'의 심오한 합리성을 우호적으로 증언해주기를, 어떻게 보면 예술과 시가 판타지, 시, 신화학을 과학적 합리성 한가운데에 재배치하려는 학문을 지지해주기를 요구한다. 그래서 그는 동맹 선언을 하고 나서 곧바로 비난을 이어나간다. 시인과 소설가는 사실 〔정신분석가의〕 반쪽-동맹군일 뿐이라고. 왜냐하면 그들은 꿈과 판타지의 합리성에 충분한 신뢰를 주지 않았다고. 그들은 판타지의 운동을 재현하긴 했으나 그것의 중요한 가치에 대해 아주 확실하게 편을 들지 않았다고.

두 번째 이정표는 프로이트가 고른 모범적 형상들에서 도출된다. 그중 몇몇은 그의 동시대 문학에서, 입센식의 자연주의 운명 드라마나, 호프만을 거쳐 장 파울Jean Paul과 티크Johann Ludwig Tieck까지 거슬러 올라가는 전통을 계승한 옌젠이나 포퍼-린케우스의 판타지에서 가져온 것이다. 이 동시대 작품들은 몇 가지 위대한 모델의 그늘에 있다. 르네상스의 두 위대한 화신이 있다. 미켈란젤로, 즉 거대한 창작물을 남긴 음울한 데미우르고스. 그리고 레오나르도 다빈치, 즉 예술가/학자/발명자, 위대한 꿈과 거대한 프로젝트를 가졌으나 작품이 몇 점 남지 않은 사람. 이 둘은 동일한 수수께끼의 서로 다른 형상들이라고 할 수 있다. 그리고 비극의 낭만적 두 영웅이 있다. 오이디푸스, 그는 프랑스 비극의 세련된 고대와 대비되는 야생적 고대의 증인이요, 행위를 배열하는 재현적 논리와 맞서고, 볼 수 있는 것과 말할 수 있는 것의 조화로운 분배에 맞서는 사고의 **파토스**pathos의 증인이다. 그리고 햄릿, 그는 행위하지 않는 사고, 오히려 관성을 통해 행위하는 사고를 보여주는 근대적 영웅이다. 요컨대 야생적 고대의 영웅(횔덜린이나 니체의 영웅)이 있고, 고전적 질서에 맞서는 야생적 르네상스의 영웅(셰익스피어의 영웅뿐 아니라 부르크하르트Jacob Burckhardt와 텐Hippolyte Adolphe Taine의 영웅)이 있다. 고전적 질서는, 앞서 보았듯, 프랑스식 궁정 예술을 가리키는 라벨이 아니다. 정확히 말해 그것은 기예의 재현적 체제이다. 이 체제는 아리스토텔레스가 세공한 미메시스mimesis 개념에서 최초의 이론적 정당화를 찾고, 프랑스 고전 비극에서 그 상징을 찾으며, 바퇴Charles Batteux부터 볼테르의 『코르네유에 관한 주해Commentaires sur Corneille』를 거쳐 라아르프Jean-François de La Harpe에 이르는 18세기 프랑스의 위대한 논고들에서 체계화되었다. 이 체제의 핵심에는 상충하는 목적을 추구하고 적합성의 체계système de convenances에 따라 자신의 의지와 감정을 말로 나타내는 등장인물들의 대결을 통해 해결로 나아가는 행위들의 질서정연한 배치로서의 시에 대한 모종의 관념이 있었다. 이 체계는 볼 수 있는 것과 말할 수 있는 것 사이의 상호 구속 관계 속에서 지식을 역사의 지배 아래에,

볼 수 있는 것을 말의 지배 아래에 종속시켰다.[4]

[4] [옮긴이] 랑시에르는 『무언의 말』에서 재현적 체제에 관해 이렇게 설명한다.
귀스타브 플랑슈(Gustave Planche)는 빅토르 위고(Victor Hugo)의 『파리의 노트르담(Notre-Dame de Paris)』에 대한 논평에서 이 독특하고 괴물 같은 작품이 인간과 돌을 혼동할뿐더러 행위자를 돌의 수준까지 추락시킨다고 비판했다. 플랑슈의 분석에서 제기된 '석화(pétrification)'는 바퇴, 마르몽텔(Marmontel), 라아르프의 논고에서 정식화되고 볼테르의 코르네유에 관한 주해에 영감을 주었던 시학 체계의, 즉 재현 체계의 전복을 상징한다. 재현 체계는 형식적 규칙과 관련되기보다는 말과 행위의 관계에 관한 모종의 정신 또는 관념과 관련된다.
랑시에르는 재현의 시학을 움직이는 네 가지 원칙으로 다음을 꼽는다. 첫째, 허구(fiction)의 원칙. 시는 하나의 이야기로서 그것의 가치 또는 결함은 이야기의 구상에 있으며, 그것은 언어를 어떻게 사용하느냐가 아니라 행위를 어떻게 배열하느냐에 달려 있다. 둘째, 장르성(généracité)의 원칙. 허구는 장르에 부합해야 한다. 여기서 장르―아리스토텔레스가 『시학』에서 구분한 서정시, 사튀로스, 비극, 희극 등―를 정의하는 것은 형식적 규칙들의 집합이 아니라 재현되는 것, 허구의 대상이 되는 주제의 본성이다. 재현된 주제에 따라 결정된 장르는 그 주제를 재현하는 특정 방식을 규정하게 된다. 셋째, 적합성(convenance)의 원칙. 재현할 것을, 그리고 그에 상응하는 허구적 장르를 정했다면, 등장인물들에게 그들의 본성에 부합하는 행위와 담화를 부여해야 한다. 볼테르는 『코르네유에 관한 주해』에서 아리스토텔레스에 동의한 코르네유에 동의하면서, 허구에 그럴듯함과 신빙성을 부여하고 관객이 그 허구를 좋아하게끔 하기 위해 이 적합성의 원칙을 섬세하게 적용했다. 한마디로 적합성의 원칙이란 배우, 재현된 인물, 그리고 극의 상연에 참석하는 관객 사이의 조화에 바탕을 둔다. 넷째, 행위성(actualité)의 원칙. 재현의 건축물의 규범을 마련하는 것은 행위로서 말의 우위, 말의 퍼포먼스의 우위이다. 이 원칙에 따라 허구적 행위의 재현은 곧 말의 행위의 무대화와 동일시된다. 실효적인 말을 꿈꾸는 이상은 예술 이상의 예술을, 즉 삶의 방식, 인간의 문제와 신의 문제를 다루는 방식을 가리키는바, 이제 시는 수사학이나 웅변술로 넘어가게 된다.
따라서 새로운 시학은 재현적 체계를 구조 짓던 위의 네 가지 원리를 하나하나 전복한다. 허구의 우위에 대해 언어활동의 우위가 맞선다. 장르의 분배에 대해 재현된 모든 주제의 동등성이라는 반(反)장르적 원칙이 맞선다. 적합성이 질서를 삐그덕거리게끔 하는 것은 낭만적 오이디푸스이다. 그는 아는 것을 모르고, 원하지 않는 것을 원하며, 겪으면서(고통을 받으면서) 행동하고, 침묵을 통해 말하는, 사고의 영웅이다. 오이디푸스―그리고 그 뒤를 따르는 위대한 오이디푸스 영웅들의 행렬―가 프로이트의 개념 세공의 중심에 있는 까닭은, 오이디푸스가 예술의 사태를 사고의 사태로 식별하는 예술 체제의 상징이기 때문이다. 사고의 사태란 자신의 타자 안에 내재하고, 그 타자에 의해 거하며, 감각적 기호의 언어로 도처에 쓰여 있고, 어두운 핵심 속으로 은신하는 사고의 증언이다.

의 원칙에 대해 재현된 주제에 대한 문체(style)의 무관심이 맞선다. 행위하는 말의 이상에 대해 글쓰기의 모델이 맞선다.

Jacques Rancière, *La Parole muette. Essai sur les contradictions de la littérature*, Paris: Hachette littérature, 1998, p. 18-28 참조.

프로이트의 수정들

따라서 [프로이트는] 한편으로 예술가들에게 호소하고, 다른 한편으로 특정 예술 체제의 전제들에 객관적으로 의존하고 있다. 마저 생각해봐야 할 것은 그 전제들의 연결이 지닌 종별성, 미학적 무의식과 관련해 프로이트의 개입이 지닌 종별성이다. 프로이트의 주요 쟁점은, 이미 언급했듯, 예술 현상들의 성적 원인론을 정립하는 것이 아니라 예술의 미학적 체제의 산물들에 규범을 부여하는 무의식적 사고 관념에 개입하기, 예술과 예술에 관한 사고가 지식과 비지식, 의미와 무의미, **로고스와 파토스**, 현실적인 것과 환상적인 것 사이의 관계를 작동시키는 방식에 질서를 부여하기이다. 프로이트는 먼저, 그 자신이 개입함으로써, 이런 관계들에 대한 특정 해석을 멀리하려 애쓴다. 그 특정 해석이란 실재와 환상의, 의미와 무의미의 모호함을 활용함으로써 예술에 대한 사고와 '판타지fantaisie'의 현시에 대한 해석을 파토스로, 삶의 적나라한 무의미를 순수 긍정하는 입장으로 끌고 가려는 해석이다. 프로이트는 예술의 미학적 짜임새에 내재하는 위와 같은 니힐리즘적 엔트로피에 맞서 예술의 해석학적

이고 설명적인 소명이 승리하기를 바란다.

이를 이해하려면 프로이트의 두 기본 가정을 함께 놓고 봐야 한다. 첫 번째는 「미켈란젤로의 모세상Le Moïse de Michel-Ange」 서두에서 끌어온 것이다. 프로이트는 형식적 관점에서 예술 작품에는 관심이 없고 '바탕fond'에, 즉 거기(예술 작품)서 표현된 의도와 거기서 드러난 내용에 관심 있다고 밝힌다.[1] 두 번째는 『빌헬름 옌젠의 『그라디바』에 나타난 망상과 꿈』 서두에서 정신의 '판타지'의 의미작용에 대해 시인들이 보인 모호한 태도를 비난한 것이다. 프로이트가 저 자신은 작품의 '내용contenu'에만 관심 있다고 입장을 표명한 것의 의미를 이해하려면 위 두 선언을 서로 연관시켜야 한다. 이 내용에 대한 탐구는 알다시피 일반적으로 억압된 기억의 발견으로 이어지고, 최종적으로는 유아기의 거세 불안이라는 출발점으로 이어진다. 최종 원인에 대한 이러한 할당은 일반

---

[1] Sigmund Freud, "Le Moïse de Michel-Ange," dans *Essais de psychanalyse appliquée*, Paris: Gallimard, coll. «Idées», 1971, p. 9. [옮긴이] 지크문트 프로이트, 「미켈란젤로의 모세상」, 『예술, 문학, 정신분석』, 정장진 옮김, 열린책들, 2003, 289쪽.
"나는 우선 예술에 있어서 내가 전문가가 아니라 문외한임을 정확히 밝혀두고자 한다. 나는 또한 예술가가 우선적인 가치를 두는 형식과 기법보다 예술 작품의 내용이 더 나를 매혹시켰다는 점을 지적했다. 요컨대 예술의 수많은 방법과 효과들을 이해할 수 있는 적절한 지성이 내게 부족하다고 말할 수도 있을 것이다."

적으로 조직적 판타즘fantasme의 매개를 통해, 즉 예술가의 **리비도**libido(그의 영웅을 통해 다소 재현된다)가 억압에서 벗어나 작품 속에 그 수수께끼를 새기는 대가로 승화할 수 있도록 하는 타협적 형성을 매개로 이루어진다. 이 대대적인 당파성은 프로이트 그 자신이 지적하게 되는 독특한 결과를, 즉 허구fiction의 전기화biographisation를 낳는다. 프로이트는 옌젠의 노르베르트 하놀트, 호프만의 제자 나타나엘, 입센의 레베카 베스트가 꾸는 환상적 꿈들이나 악몽들을 실제 인물들의 실제 병리학 데이터로 해석한다. 작가는 그 데이터에 대한 다소의 통찰을 가진 분석가였을 수 있는 것이다. 그것의 제한적인 예가 [프로이트가]「두려운 낯설음L'Inquiétant」에서 『모래 사나이』에 붙인 주석에 주어진다. 거기서 프로이트는 안경사 코폴라와 변호사 코펠리우스가 실지로 동일 인물이라는, 즉 거세하는 아버지라는 증거를 댄다. 따라서 그는 나타나엘 사례의 원인론을 다시 정립한다. 환상 의사인 호프만은 이 원인론을 뒤죽박죽으로 만들었으나 그의 동료 학자[프로이트]가 알아차리지 못할 만큼 감춰놓은 건 아니었다. 실제로 "시인의 판타지는[시인은 소재를 판타지처럼 다루고 있긴 하지만] 소재를 구성하는 여러 요소의 원래 배열 상태를 재구성하는 것이 불가능할 정도로 그 요소들을 마구 뒤섞어놓지는 않았다."[2] 따라서 '나타나엘 사례'의 원래 배열이 있다. 작가가 자신의 자유로운 판타지 작품으로 제시하는 것 배후에서 판타즘의 논리 그리고 그 안에서 위장하고 있는 최초의 불안을, 즉 어린 나타나엘의 거세 불안, 어린 호프만 그 자신이 경험한 가족 드라마의 표현을 알아채야 한다.

동일한 절차가 『그라디바』에 관한 책 전체를 관통한다. 실제 여성을 고대 조각상이 유령같이 출현한 것으로 볼 수밖에 없을 정도로 돌과 꿈의 형상에 매료된 청년을 그린 작가의 '자의적 설정donnée arbitraire'과 환상적 이야기 배후에서, 프로이트는 노르베르트 하놀트 사례의 진정한 원인론—어린 조에Zoé에 대한 청소년의 성적 매력의 억압refoulement과 전치déplacement—을 정립하려 시도한다. 이 수정은 프로이트가 허구적 창조물의 '실제' 존재라는 문제틀에 기초해 그 자신의 추론을 정초하도록 강제하거니와 학자 프로이트의 원칙들에 견주면 순진해 보일 수 있는 꿈 해석 방식을 낳는다. 꿈속 형상을

---

2 Sigmund Freud, "L'Inquiétant," dans *Œuvres complètes*, Paris: PUF, 1996, t. XV, p. 165. [Sigmund Freud, "The Uncanny," Standard Edition, vol. 17, p. 232 note. 지크문트 프로이트, 「두려운 낯설음」, 『예술, 문학, 정신분석』, 정장진 옮김, 열린책들, 2003, 421쪽 주 10].

그에 상응하는 실제 형상으로 간단히 번역함으로써 숨겨진 메시지를 획득할 수 있다. 즉, **네가 그라디바에 관심 있는 까닭은 사실 네가 조에게 관심 있기 때문**이라는 메시지. 이 단축된 해석은 이 사안에 허구적 설정la donnée fictionnelle을 임상적 증후군un syndrome clinique으로 단순히 환원하는 것 이상이 있음을 보여준다. 프로이트는 의사에게 그가 이 증후군을 흥미롭게 만들 수 있었을 것에, 즉 의사의 페티시즘적 연애망상 사례 진단에 의문을 제기한다. 프로이트는 임상을 신화 이야기와, 그러니까, 피그말리온으로 대표되는, 이미지와 사랑에 빠져 그 이미지를 실제로 소유하기를 꿈꾸는 남자에 관한 오래된 신화 이야기와 연결하려는 학자라면 마땅히 관심을 가져야 하는 것을 마찬가지로 무시한다. 프로이트가 관심을 갖는 유일한 한 가지는, 노르베르트 하놀트의 유년기라는 찾을 수 없는introuvable 자료에 기대는 한이 있더라도, 이야기 속에서 좋은 인과적 플롯을 복원하는 것이다. 하놀트 사례를 잘 설명하는 것 이상으로 그는 옌젠의 책이 문학의 '발명품'에 부여한 지위를 논박할 궁리만 한다. 그의 논박은 두 가지 근본적이고 상호 보완적인 포인트에 맞춰져 있다. 첫째, 저자(옌젠)가 묘사하는 판타즘들fantasmes은 자신의 창의적 판타지fantaisie의 발명품일 뿐이라는 저자의 주장. 둘째, 저자가 자신의 이야기에 부여하는 도덕적 교훈, 즉 뼈와 살 그리고 올바른 독일어로 표현된 '현실적 삶vie réelle'의 단순한 승리. 현실적 삶은 동음이의어인 조에[3]의 목소리를 통해 학자 노르베르트의 광기를 조롱하고, 현실적 삶의 단순하고 즐거운 영속성을 이상적 망상들과 맞세운다. 저자가 자신의 판타지에 대해 주장하는 바는 주인공의 망상에 대한 그의 비난과 함께 체계를 이룬다. 그리고 이 체계는 프로이트의 용어인 탈승화désublimation로 요약될 수 있다. 이 사안에 탈승화가 있다면, 그것은 정신분석가의 행위라기보다 소설가의 행위이다. 그리고 그 탈승화는 환상적 사실에 대한 소설가의 '진지함 부족absence de sérieux'과 일치한다.

허구적 설정을 어디에서도 찾을 수 없는 병리적이고 성적인 '현실réalité'로 '환원'하는 것 배후에는 허구적인 것과 현실적인 것의 일차적인 혼동을 겨냥하는 논쟁적인 쟁점이 놓여 있다. 바로 이 혼동이 소설가의 실천과 담론들의 토대였던 것이다. 소설가는 판타즘을 자신의 판타지의 산물로 주장하고, 현실 원리에 입각해 등장인

---

3 [옮긴이] 여주인공 이름인 Zoé는 헬라스어에서 '모든 생명체에 공통된, 그저 살아 있다는 사실' 즉 '삶'을 뜻하는 zoē와 동음이의어다.

물의 망상을 논박함으로써 현실과 허구의 경계를 자유롭게 넘나드는 편의를 자신에게 부여한다. 프로이트는 우선 이러한 애매함équivocité을 이야기의 일의성univocité에 맞세우려 시도한다. 해석의 모든 단순화를 정당화하는 중요한 포인트는 사랑의 플롯intrigue을 인과적 합리성의 도식과 동일시하는 데 있다. 프로이트가 관심을 두는 것은 최종적 원인 그 자체, 즉 노르베르트의 찾을 수 없는 유년기로 거슬러 올라가는 증명할 수 없는 억압이 아니라, 인과 연쇄 그 자체다. 이야기가 현실인지 허구인지는 별로 중요하지 않다. 중요한 것은 그 이야기가 일의적이어야 한다는 것이다. 즉, 상상과 현실이 서로 뒤바뀔 수 있는 낭만적 식별 불가능성에 맞서, 발견의 사건을 향해 나아가는 행위와 지식의 아리스토텔레스적 배열을 맞세워야 한다는 것이다.

세부의 다양한 사용법에 관하여

프로이트의 해석과 미학적 혁명 사이 관계는 이제 복잡해지기 시작한다. 정신분석학은 재현 시대의 질서정연한 플롯들을 폐기하고 지식의 **파토스**에 새로이 권리를 부여하는 예술의 체제를 기반으로 가능하다. 하지만 프로이트는 미학적 무의식의 짜임에서 매우 결정적인 선택을 한다. 그는 무언의 말의 첫 번째 형태를, 즉 역사의 흔적인 증상을 선호한다. 그는 그 형태를 무언의 말의 다른 형태에, 즉 무의식적이고 무지각한 삶의 익명의 목소리에 대립시킨다. 그리고 이러한 대립을 거쳐 프로이트는 로고스와 파토스의 등가성에 대한 낭만적 형상들을 낡은 재현적 논리로 되돌리게 된다. 가장 두드러진 예는 미켈란젤로의 〈모세〉에 관한 텍스트에서 제공된다. 이 분석의 대상은 정말로 독특하다. 프로이트는 여기서 레오나르도에 관한 텍스트에서처럼 메모에서 탐지된 판타즘에 대해 말하지 않는다. 그는 저 자신이 여러 차례 보러 갔다고 말하는 한 조각 작품에 대해 이야기한다. 그리고 그는 작품의 세부〔디테일〕에 대한 시각적 주의와 '하찮은〔사소한〕insignifiants' 세부에 대한 정신분석학적 특권 사이의 모범적 합치adéquation를 수립한다. 알다시피, 이는 무수한 주해를 불러일으키는 레퍼런스를, 즉 예술가의 손을 드러내는 미세하고 흉내 낼 수 없는 세부에 입각해 작품을 식별하는 준-사법적 방법을 창안한 미술품 감정의鑑定醫 모렐리/레르몰리에프Giovanni Morelli/Ivan Lermolieff에 대한 참조를 거친다. 예술 작품 독해 방법은 따라서 원인 탐구 패러다임과 동일시된다.[1] 그러나 이처럼 세부에 주목하는 방법은 그 자체로 미학적 무의식의 두 주요

---

1 [옮긴이] 지크문트 프로이트, 「미켈란젤로의 모세상」, 『예술, 문학, 정신분석』, 정장진 옮김, 열린책들, 2003, 308-309쪽 참조.
"정신분석에 대해 말할 수 있는 위치에 서기 전부터 나는 이미 이반 레르몰리에프라는 한 러시아 국적의 예술평론가의 이름을 알고 있었는데, 이 사람의 초기 저서들은 1874년에서 1876년 사이에 독일어로 번역, 출간되었다. 이 사람은 기존에 이러저러한 화가의 작품이라고 인정되어오던 작품들을 재검토하고 원본과 모조품을 식별하는 법을 가르치고 또 그렇게 함으로써 기존의 판정을 뒤엎어 그림의 원작자들을 발굴해내는 등 유럽 화랑가에 일대 혁명을 일으켰다. 그가 이러한 결과를 얻게 된 것은 그림의 전체적인 인상이나 몇 가지 큰 특징들에서 손톱, 귓불, 후광 등과 같이 사람들이 흔히 눈여겨보지 않는 것들로 시선을 돌려 모사가들이 모사(模寫)를 할 때 소홀히 취급하는 부차적이고 세세한 부분들을 부각시켰기 때문이었다. 이런 부분들을 예술가들은 자기만의 독특한 방식으로 처리하곤 한다. 훗날 나는 러시아식 가명 뒤에 실제로는 모렐리라는 한 이탈리아인 의사가 숨어 있다는 사실을 알게 되었는데, 이 사실이 매우 흥미로웠던 기억이 난다. 그는 1891년 이탈리아 왕국의 상원의원으로 일생을 마치게 된다. 나는 그의 기법이 정신분석의 기술(技術)과 밀접한 상관관계가 있다고 생각한다. 정신분석 역시 사람들이 고려하지 않거나 소홀히 취급하는 특징들에서 출발하여, 나아가서는 관찰에서 제외된 찌꺼기들—즉 〈거부된 것들〉—에서 출발해 숨겨져 있는 은밀한 것들을 간파해내는 데 익숙해 있다."

형태에 상응하는 두 방식으로 적용될 수 있다. 한편으로 켜켜이 쌓인 역사의 새김글을 말하게 만들고 읽는 흔적의 모델이 있다. 카를로 긴즈부르그Carlo Ginzburg는 한 유명한 텍스트에서 프로이트의 해석이, 모렐리의 '방법'을 통해서, 어떻게 흔적에 입각해 과정을 재구성하려는 증거 기반 패러다임에 등록되었는지 보여주었다.[2] 다른 모델도 있는데, 이 모델에서는 '사소한' 세부를 어떤 과정을 추적할 수 있게 해주는 흔적으로 보는 게 아니라 분

---

2   Carlo Ginzburg, "Traces. Racines d'un paradigme indiciaire," *Mythes, emblèmes, traces*, Paris: Flammarion, 1989, p. 139–180.
[옮긴이] 이 논문의 영역본은 Carlo Ginzburg, "Morelli, Freud and Sherlock Holmes: Clues and Scientific Method," *History Workshop Journal*, 9(1), 1980, p. 5-36에 발표되었고, 국역본은 움베르토 에코·토머스 A. 세벅 엮음, 『셜록 홈스, 기호학자를 만나다』, 김주환·한은경 옮김, 이마, 2016, 131-179쪽에 「단서: 모렐리, 프로이트, 셜록 홈스」라는 제목으로 실려 있다. 특히, 142-143쪽의 다음 구절에 주목할 것.
"모렐리에게 주변적인 세부 묘사들이란 무언가를 드러내는 단서였다. 예술가가 세부 묘사들 속에서 자신이 속한 문화적 전통에 구속되지 않고 자신의 순수하고 개성적인 경향을 살려내기 때문이다. 그런 세부 묘사들은 '습관에 의해서 거의 무의식적으로(by force of habit, almost unconsciously)' 반복된다. 그런데 여기에서 무의식—그때는 아직 특별한 의미는 아니었지만—을 언급했다는 것보다 더 놀라운 사실은, 예술가의 가장 핵심이 되는 개성이 의식의 통제를 초월하는 요소와 관련을 맺는 방식이다."
긴즈부르그는 프로이트의 증상(symptoms), 셜록 홈스의 단서(clues), 모렐리의 그림의 특징(features of paintings) 간의 유사성을 지적한다. 이것들은 모두 작고 사소한 것들이 심연의 사실을 향한 열쇠가 될뿐더러, 일종의 의학 기호학의, 즉 증상학(symptomatology)의 모델을 연상시킨다는 것이다.

절해 말할 수 없는inarticulable 진실의 각인으로 본다. 이 진실은 잘 짜인 이야기의 논리나 요소들의 합리적 구성을 뒤집어엎으면서 작품 표면에 새겨진다. 나중에 미술사가들은, 작품에서 재현되는 이야기나 삽화로 표현된 텍스트에 입각해 그림을 분석하길 좋아하는 파노프스키Erwin Panofsky에 맞서고자, 세부를 분석하는 이 두 번째 모델을 내세우게 된다. 과거 루이 마랭Louis Marin이, 그리고 오늘날 조르주 디디-위베르만Georges Didi-Huberman이 주도하는 이 논쟁은 프로이트(모렐리에게서 영감을 받은 프로이트)에 준거함으로써 작품의 세부에서 회화의 진실을 읽어내는 방식을 확립한다. 예컨대 조르조네Giorgione의 〈태풍La Tempête〉 속 사소한 부서진 기둥이나 프라 안젤리코Fra Angelico의 〈그림자의 성모Madone des ombres〉 바닥에 대리석을 모방한 채색 자국과 같은 세부에서 회화의 진실을 읽어내는 식이다.[3] 따라서 세부는 부분 대

---

3   Louis Marin, *De la représentation*, Paris: Gallimard/Le Seuil, 1994, 그리고 Georges Didi-Huberman, *Devant l'image*, Paris: Minuit, 1990.
[옮긴이] 조르주 디디-위베르만의 담론에 대해서는 다음 인터뷰 참조. Jacques Rancière, "Le cinéma et l'hétérogénéité des images," *Et tant pis pour les gens fatigués*, p. 224-226. 자크 랑시에르, 『자크 랑시에르와의 대화』, 박영옥 옮김, 인간사랑, 2020, 293-295쪽.
"디디-위베르만의 담론은 다른 방식으로 예술의 미학적 체제에 내재하는 모순을 참조합니다. 이 체제는 재현에 맞서는 감각적 현전의 체제, 여하한 주제에 맞

상objet partiel으로, 연결할 수 없는 파편으로 기능하고,

서 단순히 색칠된 형태들로 덮인 캔버스의 체제이길 원했습니다. 동시에 그것은 박물관, 복제, 책, 역사화의 체제였습니다. 역사적으로 추상예술의 발전을 동반한 지배적 예술 담론을 만든 것은 반대로 도상해석학적(iconologique) 담론이었습니다. 20세기 초에 추상예술의 발전 그리고 조형적 형식들의 자율적 역사에 관한 모종의 담론(보링거[Wilhelm Robert Worringer]의 담론) 사이의 이상적인 통접이 일어났습니다. 70년 뒤에 들뢰즈(Gilles Deleuze)는 바로 이 통접을 되살리려고 했죠. 그런데도 역사적으로 추상예술의 발전을 동반했던 것은 파노프스키의 다른 담론이었습니다. 파노프스키는 그림의 의미를 찾고자 했으며, 문제가 되는 이야기가 무엇인지 모르면 형상들 간의 관계를 해석할 수조차 없다고 이야기합니다. 예술사는 본질적으로 예술의 미학적 체제 안에서 재현적 체제의 연장으로 이뤄졌습니다. 이 전통은 박산달(Michael Baxandall)과 긴즈부르그로 이어졌습니다. 해석될 때에만 보일 수 있는 그림과의 모든 관계가 의미심장한 순간, 행위의 순간을 정의하기 위해 존재합니다. 비구상적인 회화의 발전과 예술사에서 도상해석학의 특권 사이의 모순은 루이 마랭이나 디디-위베르만 같은 이론가들에 의해 거부됐습니다. 그들은 파노프스키의 것과는 다른 예술사에 착수하면서 캔버스에의 직접적 접근, 캔버스의 경험을 요구합니다. 하지만 이 다른 역사는 예술의 미학적 체제의 주요 범주 속에서 사고될 수 있습니다. 도상해석학적 읽기에 반대되는 것은 캔버스를 제 고유 과정의 기록으로 읽는 것입니다. 마랭과 디디-위베르만이 제안한 것은 그림 안에/그림 아래 새겨진 과정으로서의 회화성(picturalité)을 읽고, 캔버스 표면에 새겨진 그림의 이야기(그것이 회화적 제스처이든 종교의례의 차원이든)를 읽어야 한다는 것입니다. 나는 프라 안젤리코(Fra Angelico)가 〈그림자의 성모〉 아래 눈속임으로 그려 넣은 가짜 대리석에 대해 디디-위베르만이 했던 분석을 생각합니다. 그 해석은 위에 있는 것(성모 마리아 주변에 재현된 성인들)과 아래 있는 것(색을 투척하는 회화적 제스처와 도유[塗油]식의 성스러운 제스처를 동시에 상징하는 비정형[l'informe], 비처럼 쏟아지는 채색 자국) 사이에 일종의 프로이트적 막대기를 수립합니다. 종교적이고 현상학적인 육화가 재현 아래에 있는 회화의 진실로서 드러납니다. 여기서 순수 현전이 재현적 도상해석학에 맞서 증상적 현전의 양식으로 긍정됩니다. 라캉에게서 영감을 받은 이 논쟁은 바르트나 고다르의 논쟁과는 다른 것입니다. 후자는, 비록 바르트의 경우 똑같이 프로이트를 참조하기는 하지만, 거꾸로 이미지 '아래에서' 읽기라는 변증법적 약속과 성상파괴주의(iconoclasme)의 약속에 대한 실연에 속합니다.

재현의 질서정연함을 해체하여 무의식적 진실을 인정한다. 이 진실은 개인적 이야기의 진실이 아니라 하나의 질서와 다른 질서를 맞세우는—**구상적인** 것le figuratif 아래에 **형상적인** 것le figural을 놓거나 또는 재현된 **가시적인** 것le visible 아래에 **시각적인** 것le visuel을 놓는—진실이다. 그러나 오늘날 정신분석이 회화와 그 무의식을 읽는 데 한몫했다고 주장되는 것과 프로이트는 아무 관계가 없다. 그리고 [프로이트는] 거세된 [남성의 성기를] 상징하는 메두사의 머리카락과도 전혀 관련이 없는바, 많은 동시대 주석가는 홀로페르네스Holopherne나 세례 요한Jean-

---

이 모순적 논리들이 현재 뒤섞이면서, 성상에 맞서는 이미지의 가치 부여를 낮게 됐습니다. 변증법적 해석을 청산하면서 다소 신성화된 현전으로 회귀하는 존재-신학적 담론은 모든 '유토피아의 종언'과 유행 중인 모든 '회귀'와 같은 울림을 갖습니다. 그러나 이것은 또한 예술의 미학적 체제를 구성하는 모순들에 기초를 두죠. 이미지가 담론이나 이미지 해석의 요소가 되기를 원치 않는다고들 이야기합니다. 하지만 동시에 고다르가 한 것은 전적으로 담론 안에 놓인, 그래서 시각적인 것, 텍스트적인 것, 음향적인 것의 조합 속에서 '읽어내야' 하는 이미지의 질서에 전적으로 머뭅니다. 그것은 이미지의 순수성이나 정서의 환원불가능성과는 아무런 관계가 없죠."

파노프스키의 도상해석학에 대한 디디-위베르만의 비판은 『이미지 앞에서』를 볼 것. Georges Didi-Huberman, *Devant l'image. Questions posées aux fins d'une histore de l'art*, Paris: Minuit, 1990. 위 책의 핵심을 잘 정리한 국내 연구로는 박기현, 「현대 프랑스 시각 문화 이론 연구: 조르주 디디-위베르만의 '징후의 미학'을 중심으로」, 『인문과학연구』 Vol. 1, No. 47, 2015, 187-223쪽(특히 202-208쪽) 참조.

Baptiste의 머리에서, 지네르바 데 벤치Ginerva de Benci의 머리카락 세부나 레오나르도의 노트에 크레용으로 그려진 소용돌이 그림에서 그 상징을 끄집어내려고 부단히 애를 썼음에도 그러하다.

특히 루이 마랭이 수행한 다빈치에 대한 정신분석은 프로이트의 그것과 다른 게 분명하다. 프로이트가 세부의 특권에 관심 두는 이유는 다른 데 있다고 할 수 있다. 그려지거나 조각된 형상의 또 다른 진실, 즉 독특한 주제나 증상이나 판타즘의 이야기에 대한 진실 말이다. 프로이트는 예술의 무의식적인 형상적 질서가 아니라 예술가의 창작의 모체적 판타즘을 찾는다. 그런데 〈모세〉의 예는 이 간단한 설명과 상치된다. 프로이트가 관심 두는 것은 조각상이다. 하지만 이 관심의 원칙은 놀랍다. [프로이트는 조각상의] 손과 수염의 위치에 대한 세부를 길게 분석하지만 [그 분석은] 사실상 유년기의 비밀이나 무의식적 사고의 부호화를 드러내지 않는다. 오히려 그 분석은 가장 고전적인 질문들을 참조한다. 미켈란젤로의 조각상에 재현된 성서의 에피소드는 정확히 무엇인가? 그것은 정말 모세가 분노하는 순간인가? 모세가 정말 율법 석판을 땅에 떨어뜨리는 순간인가? 프로이트는 루이 마랭의 분석에서 가장 멀리 떨어져 있다. 심지어 보링거

Wilhelm Robert Worringer—그는 지배적인 심리적 특질을 가리키는 다양한 시각적 질서를 식별하려 한다—와 파노프스키—그는 형태들에 대한 식별을 재현된 주제와 에피소드에 대한 식별보다 부차적인 것으로 간주한다—사이의 토론에서, 프로이트는 사실상de facto 파노프스키의 편을 들었다고 할 수 있다. 보다 근본적으로, 세부에 대한 프로이트의 관심은 재현적 질서의 논리를 참조한다. 그 논리에서 조형적 형태는 이야기된 행위를 모방하며, 그림의 특정 주제는 행위의 함축적 순간과, 행위의 움직임과 의미가 응축되는 순간에 대한 재현과 혼동된다. 프로이트는 이 함축적 순간을 오른손과 석판의 위치에서 도출한다. 그것은 모세가 분노해 우상숭배자들에게 덤벼들 채비를 하려는 순간이 아니다. 그것은 모세가 제 분노를 가라앉히고 손으로 움켜쥐던 수염을 놓고 석판을 단단히 다시 쥐는 순간이다.[4] 알다시피 이 순간은

---

[4] [옮긴이] 지크문트 프로이트, 『예술, 문학, 정신분석』, 정장진 옮김, 318-319쪽 참조.
"우리가 조각 작품에서 본 것은 어떤 격렬한 행동을 예고하는 서곡(序曲)이 아니라 이미 일어난 한 움직임의 여파인 것이다. 자리를 박차고 나간다거나, 복수를 한다거나, 율법 판을 망각한다거나 하는 모든 행동을 모세는 분노에 사로잡힌 상태에서 하기를 원했다. 그러나 그는 이 유혹을 이겨냈고, 그 이후 그는 사그러든 격분과 경멸이 섞인 고통을 느끼면서 의자에 앉아 있을 것이다. 그는 어디 바위에라도 부딪쳐 부서지라고 율법 판을 내던지지도 않을 것이다. 왜냐하면 바로

성서 본문에는 나오지 않는다. 프로이트는 저 스스로 주인이 된 인간이 질투심 많은 하나님의 종을 이긴다는 합리주의적 해석의 이름으로 이 장면을 추가한 것이다. 세부에 대한 주의는 궁극적으로 의지의 승리에 대한 증거로서 모세가 차지하는 위치를 식별하는 역할을 한다. 프로이트가 해석한 미켈란젤로의 〈모세〉는 빙켈만Johann Joachim Winckelmann의 〈라오콘Laocoon〉 같은 것, 그러니까 정서affect에 대한 고전적 평온의 승리를 표현하는 것이다. 모세의 경우, 이성에 패배한 것은 종교적 **파토스**pathos이다. 모세는 정서를 억누르고 질서를 회복한 영웅이다. 어느 전통이 주장하는 것처럼, 정신분석학의 원조〔프로이트〕가 반항적인 자기 제자들에 대한 자신의 태도를 로마 대리석에 위임해 조각하게 했는지 여부는 별로 중요하지 않다. 이 모세는 정황을 나타내는 자화상이라

이 율법 판 때문에 그는 분노를 삭였기 때문이다. 자신의 격정을 눌러 이긴 것은 이 율법 판을 안전하게 구하기 위해서였다. 격정적인 분노에 사로잡혔을 때 그는 율법 판을 소홀히 다루지 않을 수가 없었을 것이고, 〔율법 판을〕 붙잡고 있던 손을 놓아버렸을 것이다. 그때 율법 판은 아래로 흘러내리기 시작했고 땅에 떨어져 부서질 수도 있었다. 이렇게 해서 모세는 율법 판에 주의를 기울이게 되었고, 자신이 맡은 사명을 떠올렸으며 이를 완수하기 위해 분노를 행동으로 옮기는 것을 단념했다. 그의 손은 뒤로 물러나 흔들리며 땅에 떨어지려던 율법 판을 다시 잡는다. 바로 이 자세를 취하고 있던 모세가 조각으로 고정된 것이며 이렇게 해서 미켈란젤로는 무덤의 수호자로 그를 나타낼 수 있었다."

기보다는 재현적 시대의 고전적 장면을 재현한 것이다. 곧 브루투스나 아우구스투스, 스키피오나 티투스처럼 자신의 주인이자 세계의 주인이 된 로마 영웅들이 비극적 무대, 오페라 세리아opera seria, 역사화에서 구현하는 의지와 의식의 승리 장면. 승리하는 의식의 화신인 모세는 우상숭배자나 반체제 인사와 대비되기보다는 작품 없는 인간, 해명되지 않은 판타즘의 희생자와 대비된다. 당연히 우리는 미켈란젤로의 전설적 분신alter ego인 레오나르도 다빈치를 떠올린다. 노트와 크로키의 남자, 수천 개의 실현되지 않은 프로젝트의 발명자, 결코 형상을 개별화하는 데 이르지 못하고 항상 같은 미소를 그린 화가. 간단히 말해 저 자신의 판타즘에 묶여 성부聖父와의 동성애 관계에 갇혀 있던 남자.

의술 대 의술

이 고전적 모세와 대비를 이룰 수 있는 또 다른 '석상'이 있는데, 그것이 바로 『그라디바Gradiva』의 부조이다. 프로이트의 판단에 따르면, 석상과 살아 있는 여인의 걸음걸이의 유사성(폼페이에서 조에를 만나는 것과 더불어)은 그가 노르베르트 하놀트 사례를 소개할 때 유일하게 "발명"된 그리고 "자의적" 요소일 수 있다.[1] 나는 기

---

[1] Sigmund Freud, *Délire et rêves dans la* Gradiva *de Jensen*, trad. Marie Bonaparte, Paris: Gallimard, 1949, p. 148. [옮긴이] 지크문트 프로이트, 「빌헬름 옌젠의 『그라디바』에 나타난 망상과 꿈」, 『예술, 문학, 정신분석』, 정장진 옮김, 열린책들, 2003, 54쪽.
"소설가는 젊은 고고학자로 하여금 의심할 여지 없는 고대 유물인 부조를 발견하게 했다. 이 부조는 특이한 걸음걸이만이 아니라 얼굴 모습과 몸놀림에서도 살아 있는 여인을 그대로 재현하고 있어서 고고학자는 나중에 이 여인이 눈앞에 나타났을 때 그녀가 돌에 조각된 여인으로 착각하고 만다. 이것이 소설의 첫 번째 전제였다면 두 번째 전제는 주인공이 고향 마을에서 보았던 살아 있는 여인에게서 이미 멀리 떠나 있었으면서도 작가가 그로 하여금 다른 곳이 아닌 바로 그가 상상을 통해 죽은 여인을 데리고 갔던 폼페이에서 그 살아 있는 여인을 다시 만나게 했다는 것이다. 그러나 이 두 번째 결정을 내림으로써 작가는 현실에서 우리가 [그 살아 있는 여인을] 만날 수 있는 가능성들을 배제하지 않았고 그럼으로써 현실을 왜곡하지 않을 수 있었다. 작가는 우리들의 운명에 빈번하게 개입하는 우연에 의지함으로써 오히려 이 우연의 정확한 의미를 밝힐 수가 있었다. 왜냐하면 이 우연이란 다름 아니라 피해서 달아났던 것을 만나기 위해서 도망을 간 것이 되는 운명이었기 때문이다. 첫 번째 전제는 두 번째 것에 비해 더 환상적으로 보이고 전적으로 작가의 자의적인 선택의 결과다. 이 전제 속에는,

꺼이 그 반대라고 말하고 싶다. 가벼운 걸음걸이로 사뿐히 날았다가 땅을 단단히 짚는 이 젊은 로마 처녀, 그 활동적 삶과 평온한 휴식의 표현은 빌헬름 옌젠의 머리에서 나온 자의적 발명이 절대 아니다. 반대로 우리는 거기서 실러나 바이런, 횔덜린이나 헤겔 이래로 수백 번이나 찬사를 받은 형상을 알아볼 수 있다. 곧 파르테논신전 Panathénées의 프리즈나 헬라스의 항아리를 연상시키는 코레korè의 걸음걸이. 이 걸음걸이를 둘러싸고 한 시대는 새로운 감각 공동체 관념에 대한, 즉 예술과 하나되는 삶에 대한, 삶과 하나되는 예술에 대한 관념을 꿈꾸었다. 노르베르트 하놀트는 단지 젊은 괴짜 학자가 아니라 모종의 이론적 판타즘fantasme의 무수한 비극적 또는 희극적 희생자 가운데 한 명이다. 조각상의 살랑거리는 생기, 튜닉의 주름 또는 자유로운 걸음걸이. 사람들은 그것이 살아 있는 공동체의 이상적 세계를 육화하고 있다고 보곤 했다. '판타지작가fantaisiste' 옌젠은 고대 석상과 도래할 공동체가 꿈꾼 '삶'과 프티부르주아의 소소한 삶―이웃들, 창문가의 카나리아들, 길거리의 행인들―을 견

즉 조각된 모습과 살아 있는 여인 사이의 완벽한 유사성 속에는 이후에 전개될 모든 사건이 들어 있다."

주기를 즐긴다. 돌에 육화된 생명의 연인은 비속하고 장난기 넘치는 이웃의 삶과 이탈리아로 떠나는 프티부르주아들의 평범한 신혼여행들을 떠올리게 한다. 프로이트가 조에의 치료―정서의 **카타르시스**katharsis와 대비되는 꿈의 단순한 청산―에 자신의 해석을 맞세우면서 거부하는 것이다.[2] 프로이트는 판타지작가의 입장과 꿈의 어떤 비속한 결말 사이의 공모를 비난한다. 이러한 비난은 그 자체로 새로운 건 아니다. 헤겔이 『미학 강의』에서 장 파울이나 티크의 판타지의 자의성을 비난하는 대목[3]이

---

2   [옮긴이] 옌젠의 소설에서는 그라디바를 이상화하고 환상에 빠진 노르베르트 하놀트를 현실로 되돌리기 위해 그의 어린 시절 친구인 조에가 폼페이에서 그라디바처럼 행동하며 그를 치료한다. 조에는 현실적인 방법으로 하놀트의 꿈의 환상을 깨뜨리며 그를 현실로 되돌리는 것이다. 반면, 프로이트는 조에의 치료 방식이 하놀트의 꿈을 단순히 청산한 것일 뿐이라고 비판한다. 곧 조에가 하놀트의 환상을 단순히 현실로 대체했을 뿐 정서의 카타르시스를 통해 무의식적인 갈등을 해결하지 못했다고 보는 것이다.

3   [옮긴이] G. W. F. Hegel, *Vorlesungen über die Ästhetik* I, Frankfurt am Main: Suhrkamp, 1970, p. 382. 게오르크 빌헬름 프리드리히 헤겔, 『미학 강의 1』, 이창환 옮김, 세창출판사, 2021, 399-400쪽.
"마찬가지로 장 파울의 유머도 역시 위트와 감응의 아름다움의 깊이로 인해 종종 놀라움을 주고 있으나, 그에 못지않게 아무 연관 없이 서로 떨어져 있는, 그리고 유머를 통해 조합된 그들의 관계가 거의 해독되지 않는 대상들의 괴상한 결합으로 인해 종종 반대로도 놀라움을 준다. 그런 식의 관계는 가장 위대한 유머의 대가조차도 기억에 없는 것이니, 우리는 장 파울의 결합들에서조차 그것들이 천재의 힘에 의해 산출된 것이 아니라 외적으로 묶였다는 사실을 종종 보는 것이다. 그래서 장 파울도 역시 항상 새로운 소재를 얻기 위해 매우 다양한 종류의 오만 가지 책들, 식물학 책, 법학 책, 여행기, 철학서 등을 탐독하고, 흥미로운

나 판타지가 부르주아적 삶의 속물주의와 맺는 궁극적 연대를 비난하는 대목을 떠올려볼 수 있다. 두 경우 모두에서 판타지작가는 정신의, 낭만주의적 **위트**Witz의 특정한 사용으로 비난을 받는다. 하지만 이 근접성에서 본질적 반전이 일어난다. 헤겔은 **위트**의 주관적 경박함과 정신의 실체적 현실을 맞세운다. 프로이트는 판타지작가가 위트 게임의 실체성을 인식하지 못했다고 나무란다. 헤겔은 우선 반복적인 자기-긍정으로 환원되는 '자유로운' 주관성의 공허한 형상을 거부하는 데 몰두한다. 미학적 무의식의 새로운 발전에 직면한 프로이트는 객관성에 대한 모종의 관념―그것은 '삶의 지혜'라는 관념으로 요약된다―에 주로 의문을 제기한다. 쾌활한 조에 베르트강과 '판타지작가' 빌헬름 옌젠에게, 이 지혜는 상당히 보잘것없는 형상을 띤다. 하지만 (프로이트의 것과) 다른 '치료법', 19세기 말 문학적 '의술'을 통해 묘사되는 다른 '꿈의 결말'에서는 그렇지 않다. 여기서 두 가지 모범적

것을 즉시 적어두고, 순간의 착상들을 첨언했으며, 또한 스스로의 창안이 문제시되었을 경우 그는 극히 이종적인 것을―브라질의 식물과 옛 독일제국의 대법원을― 외적으로 그렇게 묶었다, 그러고선 이것이 각별히 독창성인 것으로 찬양되거나 또는 유머란 오만 가지를 전부 허용하는 것이라고 하여 양해되었다. 그러나 참된 독창성은 바로 그러한 자의를 자신에게서 배척한다."

허구를 생각해볼 수 있다. 하나는 (외과) 의사의 아들이 지어낸 허구이고, 다른 하나는 의사를 주인공으로 삼는 허구이다. 첫 번째는 (플로베르의) 『감정 교육L'Éducation sentimentale』의 말미로서, 프레데릭과 데로리에가 이상적 희망과 긍정적 야망이 무너졌을 때 (그들이) 경험한 최고의 순간, 즉 터키 여자 집 매음굴 방문 실패를 떠올리는 부분이다.[4] 의심할 여지 없이 더 중요한 것은 졸라의 『파스칼 박사Le Docteur Pascal』의 말미로서, 그것은 또한 루공-마카르Les Rougon-Macquart 총서의 결말이자 교훈이기도 하다. 이 교훈이 적어도 독특한 까닭은 『파스칼 박사』가 가족(의 유전을 연구하는) 사학자이기도 한 노의사와 그의 조카 클로틸드 사이의 근친상간적 사랑을 이

---

[4] [옮긴이] 귀스타브 플로베르, 『감정 교육 2』, 김윤진 옮김, 펭귄클래식코리아, 2010, 344-345쪽.
"어느 일요일, 사람들이 모두 저녁 예배에 가고 없을 때, 미리 머리까지 곱슬곱슬하게 한 프레데릭과 데로리에가 모로 부인의 정원에서 꽃을 꺾어 들고 밭으로 나가는 문을 통해 포도밭으로 나가 밭을 빙 둘러 낚시터로 돌아와서는 여전히 커다란 꽃다발을 든 채 터키 여자 집으로 슬그머니 들어갔다.
프레데릭은 마치 연인이 약혼녀에게 주듯 자신의 꽃다발을 내밀었다. 그러나 날씨도 무척 더운 데다 미지의 일에 대한 두려움, 일종의 후회, 그리고 마음대로 할 수 있는 많은 여자들을 한눈에 보는 즐거움까지 겹쳐 너무 흥분하는 바람에 얼굴이 새하얗게 질린 그는 앞으로 나서지도 못하고 말도 하지 못했다. 당황하는 그의 모습을 보고 모든 여자들이 재미있어 깔깔 웃자, 그는 자신을 놀린다고 생각해서 도망치듯 그곳을 빠져나왔다. 돈은 프레데릭이 가지고 있었기 때문에 데로리에도 어쩔 수 없이 그 뒤를 따랐다."

야기하기 때문이다. 책 말미에서 파스칼이 죽은 후 보육원으로 변한 옛 박사의 진료실에서 클로틸드가 근친상간으로 낳은 아이에게 모유를 먹이는 장면이 나온다. 아무런 문화적 금기도 알지 못하는 이 아이는 찬란한 미래가 아니라 단순히 생명의 지속을 보장하는 맹목적이고 원초적인 힘으로 제 작은 주먹을 쥐어 올린다. 〔졸라의〕 평범하고 심지어 재생적인 근친상간이 주장하는 이 생명의 승리는 요컨대 엔젤의 가벼운 판타지의 '진지한', 그리고 스캔들을 일으키는 버전이다. 이 교훈은 프로이트가 거부하는 '나쁜' 근친상간을 대표한다. 그 근친상간은 도덕성을 해치기 때문에 나쁜 게 아니라 근친상간이라는 자료를 인과성—그리고 죄의식—의 좋은 플롯으로부터, 모든 해방적 지식의 논리로부터 분리하기 때문에 나쁜 것이다.

프로이트가 『파스칼 박사』를 읽었는지는 모르겠다. 그러나 그는 졸라의 동시대 작가 중 한 명, 그러니까 정신 질환 그리고 유년기의 비밀, 치료, 고백, 치유에 관한 모범적 이야기들을 쓴 어느 저자를 면밀히 읽었다. 나는 입센에 대해 말하고 싶으며, 여기서는 프로이트가 논문 「정신분석에 의해서 드러난 몇 가지 인물 유형Quelques types de caractères dégagés par le travail psychanalytique」에서 입센의 희곡 『로스메르스홀름』에 대해 수행한 분석을 생각하고 있다. 이 논문에서는 정신분석적 치료의 합리성에 반대되는 몇 가지 역설적 유형이 분석된다. 어떤 이들은 (자신의) 만족을 포기하고 쾌락 원리를 현실 원리에 종속시키기를 거부한다. 다른 이들은 반대로 제 고유의 성공 앞에서 도망치며, 만족을 얻을 수 있는 바로 그 순간 더는 불가능이나 위반의 인장이 찍히지 않을 때 만족을 거부한다. 시집가려고 오랫동안 수작을 부린 젊은 여성이나 오랫동안 꾀해온 교수 자리를 얻기 직전의 교수가 마침내 그들의 기획이 성공하기 직전에 도망치는 사례가 그러하다. 프로이트는 판단하기를, 그렇게 제공된 성공은 통제불가능한 죄의식의 침입을 촉발한다. 두 모범적 희곡에서 가져온 예가 여기에 끼어든다. 당연히 『맥베스Macbeth』 그리고 『로스메르스홀름』이 그것이다. 입센의 희곡은 셰익스피어의 희곡과 견주어 덜 알려져 있으므로 플롯을 요약하는 게 좋겠다. 배경은 피요르드 끝자락 노르웨이의 작은 마을 근처 오래된 저택이다. 급류로 고립되어 인도교로 이어진 이 저택에는 유서 깊은 명문가의 후계자이자 전직 목사 로스메르가 살고 있다. 그의 아내는 정신 질환을 앓다가 1년 전에 물속에 투신했다. 같은 집에는 (로스메르의) 반려자인 레베카가 살고 있다.

그녀는 양아버지 베스트 박사가 사망한 후 이곳에 왔다. 자유사상의 신봉자인 베스트 박사는 레베카의 엄마가 죽고 나서 사실상 레베카를 교육했으며, 그녀에게 자유사상을 주입했다. 로스메르와 젊은 여성의 동거는 두 가지 결과를 낳았다. 한편으로 전직 목사는 자유사상으로 개종해 그의 (손위) 처남이자 질서당 지역장 크롤Kroll 교장의 커다란 스캔들을 옹호하게 된다. 다른 한편 (로스메르와) 레베카의 지적 교제가 사랑의 감정으로 변모하게 된다. 그는 그녀에게 청혼한다. 레베카는 처음에는 기뻐했지만 이내 (자기는) 결혼할 수 없다고 선언한다. 크롤 교장은 매부에게 자기 여동생이 자살로 내몰렸음을 밝히고, 레베카에게 그녀(레베카)가 사생아이며 사실 '양아버지'의 친딸이라는 사실을 폭로한다. 레베카는 이를 완강하게 거부한다. 하지만 (레베카는) 고인(로스메르 목사의 부인 베아타)의 마음속에 그녀를 자살로 몰아붙인 생각을 심어준 것이 바로 본인이라고 고백한다. 그런 다음 레베카는 저택을 떠날 준비를 하는데, 이때 로스메르는 그녀더러 자기 아내가 되어달라고 두 번째로 청한다. 그녀는 다시 거절한다. 그리고 말한다. 자신은 저택에 정착해 장애물이던 부인을 슬그머니 쫓아냈던 성공을 탐하는 젊은 여성이 더는 아니라고. 로스메르는 그녀와 만나면서 자유사상으로 전향했으나, 그녀는 로스메르와 만나면서 고상해졌던 것이다. 그녀는 더는 저 자신이 이룬 성공을 누릴 수 없다.

여기에서 프로이트는 다시 한번 저자의 설명을 수정하고 사례cas의 진정한 원인론을 복원하는 것을 목표로 자신의 개입을 배치한다. 레베카가 내세운 도덕적 이유는 단지 눈가림이라고 프로이트는 말한다. 젊은 여성 본인이 더 확실한 이유를 댄다. 곧 그녀에겐 '과거'가 있다는 것. (크롤 교장에 의해) 그녀의 출생이 폭로될 때 그녀가 보인 반응을 분석해보면 이 과거가 무엇인지 쉬이 이해할 수 있다. (그녀가) 자신이 베스트의 딸이라는 사실을 인정하기를 그렇게 완강히 거부하고, (자신의) 출생이 폭로되자 자신의 범죄 음모를 자백하게 된 까닭은 그녀가 이른바 '양아버지'(베스트)의 내연녀였기 때문이다. (그녀는) 근친상간을 깨닫고 죄의식이 들기 시작한 것이다. 레베카의 도덕적 개종이 아니라 죄의식이 그녀의 성공을 방해한 것이다. 그녀의 행동을 이해하려면 희곡에서 말하지 않고, 모호한 암시를 쓰지 않고는 말할 방법이 없는 이 진실을 복원해야 한다.[5]

5   Sigmund Freud, *Quelques types de caractères dégagés par le travail*

그러나 프로이트는 여주인공이 선언한 '도덕적' 이유에 이 숨겨진 '진짜' 이유를 맞세우면서, 입센에게서 레베카의 행동에 최종적 의미를 부여하는 것이 무엇인지 잊어버린다. 그는 희곡의 결말이 도덕적 개종도 아니고 죄의식의 무게에 짓눌리는 것도 아니라는 사실을 잊어버린다. 레베카의 변신은 사실상 선과 악 너머에 있다. 그것은 선한 도덕으로의 개종이 아니라 행동할 수 없음으로, 의욕할 수 없음으로 번역된다. 더는 행동하고 싶어 하지 않는 레베카와 더는 알고 싶어 하지 않는 로스메르에게, 이야기는 특별한 유형의 신비로운 결합으로 끝난다. 그들은 즐겁게 가교passerelle를 향해 걸어가다가 함께 물에 빠져 죽는다. 지식le savoir과 비지식le non-savoir, 활동〔능동〕l'agir과 고통〔수동〕le pâtir의 최종적 결합, 이는 미학적 무의식의 논리에 완벽히 부합한다. 진정한 치료, 진정한 치유는 쇼펜하우어가 말하는 삶의 의지vouloir-vivre의 포기, 비-의지의 원초적 바다에의 내맡김이다. 바그너 Wilhelm Richard Wagner의 이졸데가 빠져들었고, 젊은 니체가 새로운 디오니소스의 승리와 동일시한 '최고의 쾌락

---

psychanalytique, dans *Œuvres complètes*, Paris: PUF, 1996, t. XV, p. 36. [옮긴이] 지크문트 프로이트, 「정신분석에 의해서 드러난 몇 가지 인물 유형」, 『예술, 문학, 정신분석』, 정장진 옮김, 375-376쪽.

volupté suprême'.

프로이트는 바로 이러한 쾌락을 거부한다. 이에 맞서 그는 크롤 교장의 치료로 해방된 죄의식의 합리성, 선한 인과적 플롯을 강조한다. 그는 도덕적 설명에 반대하는 게 아니라 원초적 바다로 뛰어드는 '순진무구함innocence'에 반대한다. 여기서도 프로이트가 미학적 무의식과 맺는 관계의 모호함이 극명하게 드러난다. 입센, 스트린드베리, 바그너주의의 시대에 미학적 무의식의 최종적 진리이자 '도덕'으로 밝혀진 이 니힐리즘에 직면해, **파토스**pathos와 **로고스**logos의 이 급진적 동일성에 직면해, 프로이트는 요컨대 오이디푸스의 분노fureur에 직면해 코르네유와 볼테르가 택했던 입장을 다시 취한다. 그는 이 **파토스**pathos에 맞서 좋은 인과 연쇄와 지식 효과의 긍정적 덕을 복원하려 노력한다. 이 쟁점의 힘이 얼마나 큰지는 입센의 또 다른 '정신분석적' 드라마 〈바다에서 온 여인La Dame de la mer〉에 대한, 더 간략한, 또 한 번의 참조에서 느낄 수 있다. 거기서 방엘 박사의 아내는 저항할 수 없는 바다의 부름에 사로잡힌다. 엘리다는 남편이 체류 중인 선원—그녀는 그에게서 부름의 화신을 본다—을 따라가도 좋다고 하자 그러기를 포기한다. 레베카가 로스메르를 통해 자신이 변화했다고 선언한 것처럼, 엘리다는 자신을 놓아준 남편의 선택 때문에 자신이 자유로워졌다고 선언한다. 그녀는 선택할 수 있기에 남편 곁에 남을 것이다. 그러나 이번에는 작가의 이유와 해석자의 이유 사이의 관계가 역전된다. 프로이트는 등장인물〔엘리다〕의 해석을 확인하고 이를 방엘 박사가 수행한 '치료'의 성공으로 본다. 반대로 입센은 준비 노트에서 이 자유를 〔쇼펜하우어적〕 가상illusion의 지위로 격하한다. 준비 노트에서 입센은 단호하게 쇼펜하우어적인 용어들로 이야기를 이렇게 요약한다. "피요르드의 그림자와 단조로운 고립 속에서 겉보기에 삶은 즐겁고, 쉽고, 활기차다. 그렇지만 이런 종류의 삶은 그림자 같은 삶이라는 생각이 든다. 능동적 활력도 없고 해방을 위한 투쟁도 없는 삶. 갈망과 소원만 있는 삶. 그렇게 화창한 짧은 여름이 흘러간다. 그 후에는 […] 어둠 속으로 들어간다. 그런 다음 바깥세상의 드넓은 삶에 대한 갈망이 깨어난다. 하지만 그걸로 무엇을 얻을 수 있을까? 상황이 바뀌고 정신이 성장하면서 요청, 갈망, 소원이 증가한다. […] 어디에나 한계가 있다. 그래서 사람들의 실존 전체 및 행동 위를 흐르는 낮고 애달픈 노래 같은 멜랑콜리가 깔려 있다. 화창한 여름날과 그 뒤에 오는 거대한 어둠 […] 이것이 전부이다. […] 바다의 인력. 바다에 대한 갈망. 바다와 동족인 사람들. 바다에 속박된 사람들. 바다에 의존하는 사람들. 그곳으로 돌아가야 한다. [······] 커다란 비밀은 인간의 의지가 '의지 없는 힘들forces sans volonté'에 종속된다는 사실이다."[6] 따라서 북부의 계절의 순환은 아무것도 원하지 않는 [쇼펜하우어적] 의지의 무 속으로 재현의 가상illusions d la représentation이 사라지는 것과 동일시된다.[7] 이 플롯의 교훈에 대해 프로이트

---

6 Henrik Ibsen, *La Dame de la mer*, dans *Œuvres complètes*, Paris: Plon, 1943, t. XIV, p. 244–245. [옮긴이] Henrik Ibsen, *Nachgelassene Schriften in vier Banden*, hrsg. von Julius Elias u. Halvdan Koht, Bd. IV, »Dramatische Entwurfe«, Berlin 1909, S. 6–7.

7 [옮긴이] 예술의 미학적 체제하에서 의지의 테마에 관해서는 다음 인터뷰를 참조할 것. Jacques Rancière, "Politique et esthétique," *Et tant pis pour les gens fatigués*, p. 351–352. 자크 랑시에르, 『자크 랑시에르와의 대화』, 박영옥 옮김, 인간사랑, 2020, 469–471쪽.
"*당신의 무언의 말이라는 관념도 결국 그저 침묵에 이르게 되는 걸까요? 당신은 이런 경향을 통해 블랑쇼(Maurice Blanchot), 바타유(Georges Bataille), 푸코, 들뢰즈 등등의 텍스트에서 그 흔적이 발견되는 모종의 신비적인 무화에 빠지게 되었던 것인가요?*
나는 언제나 블랑쇼, 바타유, 그리고 그 이후 세대 사상가들(푸코, 데리다, 들뢰즈)이 거기서 끌어낼 수 있었던 모든 것을 거의 수용하지 않았습니다. 이 모든 것은 내게 완전히 불투명한 채로 머물렀죠. 내가 위의 문제틀에 민감해진 계기는 19세기에 다뤄진 의지의 문제를 통해서였습니다. 발자크에서 졸라에 이르는 19세기 문학에는, 또한 스트린드베리, 입센, 그리고 도스토옙스키, 톨스토이에게서 작동하는 모든 것도 생각해야 할 텐데, 거기에는 의지의 부인이든 궁극적 재난의 증명이든 간에 어떤 거대한 선이 있습니다. 죽음 충동의 사유가 있는 것인데, 그것은 보트랭(Vautrin)식의 격앙된 의지나 오블로모프(Oblomov)식의 무화된 의지의 이야기에서 탄생할 뿐만 아니라, 문학에 고유한 글쓰기 체

는 이번에는 방엘 박사와 바다에서 온 여인이 선언하는 교훈을 맞세운다.

시대의 쟁점이 거기에 있다고 말할 수 있겠다. 하지만 이 '시대의 쟁점'은 그때의 상황과 관련된 게 아니다. 시류時流의 이데올로기에 맞서 싸우는 전투만 중요한 게 아니다—게다가 프로이트가 이 텍스트들을 썼을 때 그 시간이라는 것은 이미 얼마간 지나버린 뒤였다. 정말 중요한 것은 두 무의식 사이의 전투, 사회의 문명화된 표면 아래에 놓인 두 관념 사이의, 즉 문명의 질병과 치유에 대한 두 관념 사이의 전투이다. 시대에 대해 말하고 있으니, 이 시대가 언제인지 명확히 하자. 「미켈란젤로의 모세상」은 1914년, 「두려운 낯설음」은 1915년, 입센에 관한 텍스트도 1915년에 쓰였다. 우리는 죽음 충동

제의 논리에서, 행위, 의지, 의미작용을 묶던 재현적 매듭을 풀어헤치는 방식에서 생겨납니다. 예술의 미학적 체제의 핵심에는 의지의 극치란 곧 의지의 포기의 극치와 같다는 관념이 있습니다. 결과적으로 무를 향하는 일종의 운동이 있는 것이며, 이는 항상 주인공의 경험 자체로서 재현되거나 글쓰기 자체를 통해 움직이는 역량과 동일시됩니다. 스스로 파괴되는 의지라는 테마—보통 쇼펜하우어와 좁은 의미의 니힐리즘에 부착되는 테마—를 나는 19세기 문학 **도처에서** 발견했습니다. 그리고 어떤 의미에서 나는 그 관점에 따라 프로이트의 몇몇 텍스트를 다시 읽을 수 있었고, 프로이트가 정말 그 점과 대결했다고 생각합니다. 나는 침묵의 신비주의에 빠져든 적이 없습니다. 나는 글쓰기의 체제와 모종의 의미 관념의 이탈이 맺는 연관성, 그리고 '무언의 말'의 특권과 의지의 자기-무화의 극작법이 맺는 연관성을 깊이 느꼈던 것입니다."

미학적 무의식

을 도입함으로써 프로이트의 작업에서 전환점이 된 「쾌락 원리 너머Au-delà du principe de plaisir」에서 그리 멀지 않은 셈이다. 프로이트가 저 자신의 사고의 이러한 전환점을 어떻게 설명했는지는 잘 알려져 있다. 〔프로이트의〕 죽음 충동에 관한 주장은 〔그가〕 '외상성 신경증névrose traumatique'이라는 문제틀을 연구하는 과정에서 도출된 것이다. 죽음 충동에 대한 인지는 정신분석학의 첫 번째 시대, 그리고 쾌락 원리와 현실 원리 사이 단순 대립을 이끌던 낙관적 시각이 1914년 전쟁을 기점으로 타격을 입은 것과도 관련 있다. 그렇지만 이 설명으로 이 사안의 의미가 남김없이 파헤쳐졌다고 보기는 어렵다. 죽음 충동의 발견은 정신분석학이 형성되던 시대의 커다란 강박적 테마의, 즉 쇼펜하우어적 물자체〔의지〕의 무의식 그리고 이 무의식으로 되돌아가려는 위대한 문학적 허구와 프로이트가 벌인 ―다소 숨겨진― 오랜 대결의 한 에피소드이기도 하다. 생명 보존 본능이 결국 삶에 '그것의' 죽음으로 향하는 방향을 보존한다는 것, 그리고 '생명의 수호자'가 '죽음의 위성'이라는 것, 이는 사실 의지의 가상―한 세기의 문학, 미학적 시대의 문학은 이것으로 요약된다―을 다루는 모든 위대한 소설의 궁극적 비밀이다. 프로이트는 이 비밀과 끊임없이 싸웠다. 프로이트가 옌젠, 호프만, 입센의 플롯들을 수정한 핵심에는 그의 '현실 원리'에 대한 해석이 있다. 미학적 무의식의 논리와 대결함으로써 프로이트는 하놀트 사례나 나타나엘 사례의 올바른 원인론을 확립하고, 『로스메르스홀름』의 좋은 결말뿐 아니라 모세의 올바른 태도를, 즉 성스러운 파토스pathos보다 우세한 평온과 이성의 태도를 확립하게 된다. 이러한 분석들은 프로이트가 예술의 미학적 체제의 작품들에서 감지하고 거부하는 이 니힐리즘적 엔트로피에 저항하는 수단인 것처럼 진행된다. 그렇지만 프로이트는 죽음 충동을 이론화하는 과정에서 이 엔트로피를 인정하게 될 것이다.

이제 우리는 프로이트의 미학적 분석들과 훗날 프로이트에 준거하는 분석들 사이의 역설적 관계를 이해할 수 있다. 후자는 프로이트의 전기주의biographisme 그리고 예술적 '형식'에 대한 프로이트의 무관심을 논박하려 시도한다. 구상적 일화를 말없이 논박하는 회화적 터치의 특수성 속에서, 언어 안에 '다른 언어'가 미치는 작용을 표지하는 문학 텍스트의 '말더듬들' 속에서, 그들은 이름 붙일 수 없는 진실의 각인 또는 대타자의 힘―대타자는 원리상 적절한 감각적 표현을 모두 초과한다―이 가하는 충격으로 이해되는 무의식의 효력을 찾게 될 것이다. 「미켈란젤로의 모세상」의 서두에서 프로이트는 위대한 작품들이 촉발하는 충격 그리고 이 충격의 수수께끼에 직면한 사고에 엄습하는 혼란을 언급한다. "어떤 미학자esthéticien가 우리 지성의 그러한 당혹을 예술 작품이 자아낼 수 있는 가장 위대한 효과들의 필요조건이라 여겼을 수도 있지 않을까? 하지만 나는 그런 조건을 거의 믿을 수 없다."[8] 프로이트의 분석의 원동력, 그가 전기적 플롯에, 곧 픽션의 플롯이나 예술가의 플롯에 부여하는 특권의 이유가 거기에 있다. 그는 회화, 조각, 문학의 힘을 그것이 불러일으키는 이러한 당혹에 할당하기를 거부한다. 이 가상假想의 미학자의 테제를 반박하려고 프로이트는 전체 이야기를 다시 만들거나 필요한 경우 성서를 다시 쓸 준비가 되어 있다. 그런데 프로이트의 가상의 미학자는 오늘날 미학적 사고의 장에 뚜렷이 현존하는 형상으로, 대개 프로이트가 논박하려는 테제를,

---

8 Sigmund Freud, *Essais de psychanalyse appliquée*, Paris: Gallimard, coll. «Idées», 1971, p. 10. [옮긴이] Sigmund Freud, *The Moses of Michelangelo*, Standard Edition, vol. 13, p. 211-212. 지크문트 프로이트, 「미켈란젤로의 모세상」, 『예술, 문학, 정신분석』, 정장진 옮김, 290쪽.
"혹은 어떤 미학자가 바로 이러한 이해력의 마비야말로 예술 작품이 가지고 있는 가장 높은 수준의 영향을 자아내는 필요조건이라고 말했는지 나로서는 알 수 없다. 나로서는 이러한 조건이 존재한다는 사실을 거의 믿을 수 없다."

즉 작품의 힘과 당혹의 효과를 연결하는 테제를 정초하기 위해 프로이트에 준거한다. 우리는 여기서 특히 버크Edmund Burke, 칸트, 프로이트를 세 기둥 삼아 숭고의 미학을 발전시킨 후기 리오타르의 분석을 떠올린다.[9] 〔장-프랑수아〕 리오타르는 미학의 '쇠약débilité'에 맞서 풀림désaisissement의 힘으로 이해되는 회화적 터치의 힘을 내세운다.[10] 주체는 벌거벗은 영혼에 영향을 미치는 아이스

---

9 cf. 특히 Jean-François Lyotard, *L'Inhumain*, Paris: Galilée, 1988, 그리고 *Moralités postmodernes*, Paris: Galilée, 1993. [옮긴이] 랑시에르는 『이미지의 운명』에서 리오타르에 대해 더 자세히 다루게 된다. Jacques Rancière, *Le destin des images*, Paris: La Fabrique, 2003, p. 146-153. 자크 랑시에르, 『이미지의 운명』, 김상운 옮김, 현실문화연구, 2014, 227-236쪽 참조.

10 [옮긴이] Jean-François Lyotard, "Conservation et couleur," *L'Inhumain*, Paris: Galilée, 1988, p. 163-164.
"화가는 색채에 붙잡히거나 〔색채에서〕 풀리게 된다. 산 앞에 있는 세잔. 그는 그것을 저 자신의 지지체로 옮기려고 애쓴다. 충실하게, 하지만 그는 저 자신이 그럴 수 없으리라는 것을 알고 있다. 그는 적어도 무엇을 하려고 애쓰는 것일까? 그림 안에 배치되고 구성된 색 앞에서 관람객이 풀림(déssaisissement)을 체험할 (부득이하게 체험하다라고 표현하자) 수 있도록 애쓰는 것이다. 진품이 중요한 게 아니다. 그런 것은 상품 가치에 지나지 않는다.

내 생각에 회화의 내기는, 미술관을 포함해 그림이 그것이 무장한 모든 플롯을 넘어서서 그리고 모든 플롯을 통해, 현존을 돌려주고, 정신의 무장 해제를 요구하는 데 있다. 이것은 재현과 아무 관계가 없다. 회화는 기술적·이론적 플롯을 배가함으로써 재현을 방해하거나 가지고 논다. 재현은 자발적 기억, 지성, 정신, 질문하고 결론 내리는 것에 속한다. 하지만 페르메이르(Vermeer)가 그린 델프트(Delft)의 노란색이 마르셀이라는 사람의 의지와 플롯을 중지시킬 때도 있다. 이 중지 상태를 나는 영혼이라고 부르고 싶다. 정신이 색의 '효과'에 의해(하지만 그것은 효과일까?) 산산이 부서질 때(풀림[dessaisissement]) 말이다. 그런 다

미학적 무의식

테톤aistheton, 감각적인 것의 각인에 의해 무장해제 되고,

음 우리는 잔해를 줍기 위해 서른 또는 백 페이지를 쓰고 플롯을 다시 잇는다."

(랑시에르가 désaisissement이라고 표기했으나) 리오타르가 déssaisissement 또는 dessaisissement이라고 쓴 단어는 동사 dessaisir의 명사형이다. dessaisir의 사전적 의미는 "누군가에게서 무엇을 박탈하다, 빼앗다"이지만 리오타르는 saisir(붙잡다)의 반대말(풀다)로 그 용어를 쓰고 있다. 특히 위 용어는 그림의 색에 의해 관람객의 정신이 '풀려' 산산이 부서지고 흩어지며 무장 해제 되는 체험을 가리키기 위해 사용되었다. 속된 말로 정신줄을 '놓는다'는 표현이 이 사태를 가장 잘 표현하는 말일 것이다. 어쨌든 풀림이라는 이 정서적 순간은 예술평의 "플롯"이 될 "서른 또는 백 페이지"를 쓰고 싶게 만드는 시간의 조건—기록가능성(scripturabilité)—이 된다.

리오타르가 풀림의 예로 드는 장면은 마르셀 프루스트의 『잃어버린 시간을 찾아서』의 〈갇힌 여인〉에서 소설가 베르고트(Bergotte)가 페르메이르의 〈델프트 풍경〉을 보며 현기증으로 죽어가는 대목을 참조한 것이다.

"마침내 그는 페르메이르의 그림 앞에, [······], 그리고 작은 노란 벽 자락이라는 귀중한 물질 앞에 서 있다. 그의 현기증은 더 심해지고 있었다. 마치 아이가 붙잡고 싶은 노란 나비를 바라보는 것처럼 그는 이 귀중한 작은 벽 자락에 시선을 집중시켰다. '나도 이렇게 글을 썼어야만 했어'라고 그는 말했다. '내 최근의 작품은 모두 무미건조해. 이 작은 노란 벽 자락처럼 색깔을 여러 번 덧칠(couche)해서 문장 그 자체를 소장하게 했어야 했어.' 그러는 동안에도 그는 현기증이 심해지고 있다는 사실을 의식하고 있었다. [······] 그는 반복해서 중얼거렸다. '차양 달린 노란 작은 벽 자락, 노란 작은 벽 자락.' 그러고는 그는 둥근 소파 위에 쓰러졌다. [······] 그는 숨져 있었다."

조르주 디디-위베르만은 『이미지 앞에서』에서 바로 위 대목을 인용한다. Georges Didi-Huberman, *Devant l'image*, Paris: Minuit, 1990, p. 292. 디디-위베르만은 프루스트의 노란 작은 벽 자락(petit pan de mur jaune)에서 '자락'이라는 개념을 끌어내는데, 이 '자락'이라는 개념과 리오타르가 말한 '풀림'은 사실상 거의 같은 것을 가리킨다. 왜냐하면 그것은 결국 여러 번 덧칠된 색깔 앞에서 느끼는 작가 또는 관람자의 무력감, 동요, 충격, 트라우마 등을 가리키기 때문이다. 다만 리오타르가 정신의 변용을 강조하는 용어를 택했다면, 디디-위베르만은 그림에서 동요를 일으키는 지대로서 물질(matière)과 덧칠(couche)을 강조하는 용어를 채택했다고 할 수 있다.

대타자의 힘에 직면하게 된다. 대타자란 종국에는 쳐다볼 수 없는 신의 얼굴로서, 그것은 관객을 불타는 덤불 앞에 선 모세의 위치에 둔다. 프로이트의 승화sublimation에 〔리오타르의〕 숭고의 각인frappe du sublime이 대립하는 것이다. 숭고의 각인은 어떤 **로고스**logos로도 환원되지 않는 **파토스**pathos, 즉 종국에는 모세를 부르는 신의 힘과 동일시되는 파토스의 승리를 만들어낸다.

두 무의식 사이의 관계는 따라서 독특한 교차chassé-croisé를 보여준다. 프로이트의 정신분석은 고전적 재현의 인과적 질서를 철회하고 예술의 힘을 모순적인 것들과, 곧 **로고스**logos와 **파토스**pathos의 즉각적 동일성과 동일시하는 미학적 혁명을 전제한다. 그것은 무언의 말la parole muette의 이중적 힘에 기반한 문학을 전제한다. 그러나 이 이중성에서 프로이트는 자신의 선택을 한다. 귀먹은〔들리지 않는〕 말la parole sourde의 힘에 내재하는 니힐리즘적 엔트로피에 대해 프로이트는 무언의 말의 다른 형태를, 그러니까 해석 작업과 치유의 희망에 제공된 상형문자를 맞세운다. 그리고 이 논리에 따라 그는 '판타지' 저작과 그것을 해독하는 작업을 미학적 혁명에 의해 철회된 바 있는 고전적 발견〔깨달음〕reconnaissance 플롯과 동화시키려 애쓴다. 그리하여 그는 기예의 재현적 체제라는 틀 안에 이 체제가 거부했고, 미학적 혁명만이 가능케 한 형상들과 플롯들을 다시 끌어온다. 오늘날 다른 프로이트주의—프로이트의 전기주의를 문제 삼고 예술의 고유성을 더 존중해야 한다고 주장하는—는 이 회귀에 반대한다. 이 다른 프로이트주의는 재현적 전통의 후유증에서 해방되어 자신의 오이디푸스를 제공하는 새로운 예술 체제와 조화를 이루는 더 급진적인 프로이트주의를 표방한다. 이 새로운 예술 체제란 예술의 반재현적anti-représentative 자율성 **그리고** 그것의 근본적으로 타율적hétéronomique 성격—주체를 넘어서고 자기 자신에게서 주체를 뿌리째 뽑아내는 힘들의 작용을 증언하는 가치—을 동시에 주장함으로써 능동과 수동을 동일시하는 체제이다. 물론 이를 위해 더 급진적인 프로이트주의는 우선 「쾌락 원리 너머」 그리고 옌젠, 입센, 호프만의 텍스트들을 수정하는 프로이트, 성스러운 분노에서 벗어난 모세를 예찬하는 프로이트와 거리를 두는 1920년대, 1930년대 텍스트들에 기댄다. 그러나 그러기 위해서는 미학적 무의식의 모순적 논리 안에서, 무언의 말의 양극성 안에서 프로이트와 반대되는 방식으로 결단을 내려야 한다. 그 어떤 해석학으로도 환원될 수 없는 대타자의 말의 귀먹은(들리지 않는) 힘을 중시해야 한다. 다시 말해, 원초적 심연으로 되돌아가려는 쾌락volupté을 대타자l'Autre와 대문자 법la Loi과 맺는 신성한 관계로 변형시킬 위험을 감수하면서까지 니힐리즘적 엔트로피를 요구해야 하는 것이다. 따라서 이 〔급진적〕 프로이트주의는 프로이트의 미학적 분석들이 끊임없이 맞서 싸운 니힐리즘을 프로이트의 이름으로 프로이트에 맞서 다시 끌어옴으로써 프로이트 이론 내에 하나의 전환 운동을 실행한다. 이 전환 운동은 미학적 전통의 거부로 제시된다.[11]

---

11 특히 장-프랑수아 리오타르가 쓴 *Moralités postmodernes*의 결론에 해당하는 "Anima Minima" 참조. [옮긴이] 칸트의 숭고 개념에 대한 리오타르의 해석에 대한 랑시에르의 비판으로는 다음 인터뷰를 참조할 것. Jacques Rancière, "L'irreprésentable en question," *Et tant pis pour les gens fatigués*, p. 524-525. 자크 랑시에르, 『자크 랑시에르와의 대화』, 박영옥 옮김, 700-701쪽.
"당신은 '재현불가능한 것'이라는 통념의 과장된 사용을 비판하기 위해 리오타르가 칸트에게서 차용한 '숭고'라는 통념을 여러 번 참조합니다. 당신이 동의하지 않는 지점들을 자세히 설명해줄 수 있으신가요? 리오타르에게 있어서 수용소의 재현불가능한 것에 '숭고한' 어떤 것이 있다고까지 말할 수 있을까요?
리오타르는 모든 근대 예술을 재현불가능한 것이라는 개념 아래 두고 싶어 합니다. 이를 위해 그는 칸트가 사용한 숭고의 의미와 용법을 완전히 비틉니다. 칸트에게 숭고는 예술 이론의 개념이 전혀 아닙니다. 그것은 상상력과 오성 간의 일치가 단절되는 경험입니다. 이 단절은 우리를 미학에서 나와서 도덕의 영역으로, 즉 자유의 영역으로 들어가게 만듭니다. 상상력은, 오성과의 일치가 단절되면서, 주체로 하여금 그가 이성의 세계에, 다시 말해 자유의 세계에 속해 있다고 느끼게 만듭니다.
리오타르는 근대 예술을 지성적인 것(l'intelligible)과 감각적인 것(le sensible)의 근본적 불일치의 기호 아래 두기 위해서 미학 너머로의 이러한 이행을 예술 이론으로 만듭니다. 칸트는 감각적 능력의 장애 속에서 자유로운 주

그렇지만 그것은 미학적 무의식이 프로이트의 무의식에 친 마지막 장난tour[12]일 수도 있다.

체가 초감각적 사명을 의식하게 된다고 보았습니다. 반대로 리오타르는 거기서 정신이 감각적인 것의 역량에 굴복하는 예속화의 표지를 봅니다. 이 감각적인 것의 역량은 곧바로 정신이 대타자의 법에 종속되는 기호로 변모합니다. 따라서 예술이란 주체가 이 법에 굴복하는 회복할 수 없는 소외의 기입이 됩니다. 예술은 윤리 안으로 흡수됩니다. 윤리의 지배어는, 칸트와 정반대로, 타율(hétéronomie)이라는 단어입니다. 숭고는 정신이 대타자에 종속된다는 특질을 가리킵니다. 절멸은 이 종속을 망각한 결과로서, 계몽 전통에 고유한 자율적 의지의 극단적 실현으로서 간주됩니다. 예술의 숭고는 소외의 특질을 기입하는 것인 동시에 그 망각에서 비롯되는 근본적 재난을 증언하는 것입니다. 이런 뜻에서 리오타르에게 있어서 절멸의 재현불가능성을 선포한 것은 바로 숭고의 법인 것입니다."

12   [옮긴이] 여기서 'tour'는 미학적 무의식이 프로이트의 무의식에 가한 '장난', '속임수', '전환'의 뜻을 동시에 갖는다.

[부록]

계쟁적 대상들 — 『미학적 무의식』에 관하여 (아르헨티나판 서문)*

---

* [옮긴이] 『미학적 무의식』의 아르헨티나판 출간에 맞춰 랑시에르가 작성한 서문을 옮긴 것으로서, 원래 텍스트에는 없는 글이다. 장-클레 마르탱(Jean-Clet Martin)의 블로그에 게시된 텍스트를 저본 삼아 번역했다.
https://strassdelaphilosophie.blogspot.com/2013/04/jacques-ranciere-des-objets-litigieux.html
아르헨티나에서 출간된 『미학적 무의식』의 스페인어판 서지사항은 다음과 같다. Jacques Rancière, *El inconsciente estético* (traducción S. Duluc, S. Costanzo y L. Lambert), Buenos Aires: Del Estante Editorial, 2005.

하나의 텍스트에는 늘 여러 콘텍스트가 있다. 본 텍스트 〔『미학적 무의식』〕는 어느 정신분석학교의 요청에 대한 응답으로 작성한 것이다. 다른 전문 집단 구성원들 사이에서 철학자로서 개입하는 것은 오해를 불러일으키기 쉬운 접근 방식이다. 학제간 연구interdisciplinarité라는 이름으로 우리는 다른 사람을 맞이하거나 이웃집에 방문하기도 한다. 하지만 그것은 대체로 학자들의 공화국에서 학자들이 저 자신의 정체성과 제 고유의 자리를 더 공고히 하기 위함이요, 이 거대한 공화국이 실제로는 각자의 영역과 그에 고유한 방법을 갖춘 작은 주권 공화국들로, 즉 분과들로 이뤄져 있음을 확인하기 위함이다. 이런 격식 차린 교류는 상황을 건드리지 않고 가만 내버려둔다. 나는 다른 것을 실천하는 편이 더 낫다고 생각한다. 즉, 이러한 교류가 실행되는 이름으로 '고유함propre'에 의문을 제기하는 접근 방식인 초학제 연구transdisciplinarité가 더 낫다는 것이다. 거기서는 작은 공화국들의 구성, 대상, 규칙, 그것들의 국경을 관장하는 지각의 형태, 지적 행위, 결정이 관심 대상이 된다. 이 접근 방식에서는 분과들을, 계쟁적 대상을 중심으로 구성된 역사적 형성물들formations historiques로 본다. 이 대상들은 두 가지 방식으로 계쟁적이다. 우선 그 대상들은 〔그것들의〕 본성상 계쟁적이다. 사회관계나 무의식적 사고가 존재한다는 것은 쉬이 인정할 수 있다. 대문자 사회la Société나 대문자 무의식l'Inconscient이 존재한다는 것은 전혀 별개의 문제다. 그 대상들은 또한 그 소유자를 할당하기 쉽지 않다는 뜻에서도 계쟁적이다. 플라톤은 철학자의 정의justice가 훌륭한 사람, 법관, 시인, 상인의 정의와의 결코 끝나지 않는 전투를 벌이는 중에만 뚜렷하게 드러난다는 사실을 보여준다. 이는 곧 철학자는 다른 집을 방문하겠다고 그 자신이 속하는 영역을 떠나는 법이 없다는 말이다. 그의 집은 항상 다른 사람들의 집이 교차하는 곳 어딘가에 있다. 물론 다른 사람들에게도 사정은 마찬가지다. 정신분석이 아주 일찍부터 그 종별적 실천을 넘어 예술 작품과 문명의 혼란을 해석하는 더 넓은 활동을 겸할 수 있었던 까닭은, 무의식이 다른 분야의 실천을 조명하거나 그것들의 가상을 깨뜨리는 수단을 정신분석에 줄 수 있을 고유한 대상이 아니기 때문이다. 무의식은 계쟁적 대상인바, 다른 무의식으로부터, 무의식적 사고의 공간과 합리성을 규정하는 다른 형태로부터 쟁

취하고 또 항상 다시 쟁취해야 하는 대상이다.

　이 작은 책 『미학적 무의식』은 특정 지점에서, 그러니까 프로이트의 이론화에서 예술이 차지하는 자리와 관련된 지점에서 이를 증명하려 시도한다. 지난 세기 동안 정신분석가들 또는 정신분석에서 영감을 받은 사상가들은 예술에 관한 성찰에 무수히 많은 기여를 했다. 나는 이러한 주장이 역逆관계를 고려해야만 이해될 수 있음을 지적하고 싶었다. 『꿈의 해석』의 저자가 시인과 작가를 대거 참조하는 이유는 그가 예술가들의 판타지들을 해독하는 정신분석의 능력을 증명하기 위함이 아니라는 것. 그것은 우선 의사들에게 이 예술가들의 작품이 의사들이 보고 싶어 하지 않는 '판타지fantaisie'의 합리성을 증언한다는 것을 증명하기 위한 것이라는 것. 내 생각에는 추론을 더 멀리 밀어붙일 수 있을 것 같았다. 즉 프로이트가 시인들의 증언을 필요로 하는 까닭은 그들의 작품이 무의식적 사고의 효력이 남긴 흔적을 담고 있기 때문만은 아니다. 더 근본적으로는, 19세기의 작품과 예술 사고 방식들 그 자체가 예술의 합리성과 무의식의 합리성 사이에 모종의 등가성을 구축한 때문이다. 셸링과 헤겔 시대의 미학은 예술의 산물을 의식적 과정과 무의식적 과정이 결합한 결과물로 분석함으로써 저 스스로를 미학이라고 선언했다. 시는 노발리스와 더불어 모든 것이 언어활동이라고 공표했고, 문학과 회화는 범속하고 하찮기로 악명 높은 사물들 속에 존재하는 의미와 감정의 역량을 드러냈다. 발자크와 위고 이후 소설은 사물들에 기록된 역사의 기호들을 해독하고, 스펙터클한 사건들의 무대 아래에 감춰진 심층으로 여행을 떠나는 데 몰두했다. 입센, 마테를링크, 스트린드베리 시대의 연극은 등장인물들이 나누는 대화 한가운데에 제3의 인물의, 미지의 힘을 증언하는 침묵을 말하게 하는 데 매달렸다. 요컨대 프로이트의 무의식은 내가 '미학적 무의식 inconscient esthétique'이라고 부르는 다른 무의식―고귀하거나 비루한 것들이 위대한 평등을 이루는 풍경, 말 없는 사물들에서 증식하거나 웅변가의 침묵 속으로 후퇴하는 언어활동의 풍경―을 바탕으로 구성된다. 그것은 내가 **예술의 미학적 체제**régime esthétique de l'art라고 부르자고 제안한 바 있는, 예술을 지각하고 사고하는 새로운 체제에 적합한 합리성과의 대화 속에서 구성된다.[1]

내 책은 거기서 간단한 결론을 끌어내려 시도한다.

---

1 이 통념에 관해서는 특히 내 책 『감각적인 것의 나눔(Le Partage du sensible)』(2000)과 『미학 안의 불편함(Malaise dans l'esthétique)』(2004)을 참조할 것.

즉 예술은 정신분석학의 타자 같은 대상이 아니라는 것. 예술은 합리성들이 싸움을 벌이는 장소이고, 그 안에서 정신분석학은 탄생했으며 그 실천의 의미를 끊임없이 재정의해야 했다는 것. 아닌 게 아니라 미학적 무의식은 그저 프로이트의 무의식이 두드러지는 역사적 배경화가 아니다. 그것은 그 자체의 역학, 철학, 정치를 갖는 성좌이다. 이 역학은 니체가 아폴론과 디오뉘소스 사이에 설정한 긴장으로 요약할 수 있다. 한편으로 예술의 미학적 체제는 형태 속에 담긴 의미에 대한 아폴론적 꿈을 키우고, 예술·정치·종교가 함께 숨 쉬는 신세계를 건설하는 인류의 미적 교육 프로젝트를 이끌어낸다. 하지만 그것은 또한 저 자신의 꿈과 모순되는 것에, 즉 사물들의 어둡고, 무지각한 바탕에 대한 디오뉘소스적 음악에 반대하기를 멈추지 않는다. 19세기 내내 사실주의 소설, 바그너의 오페라, 자연주의 또는 상징주의 연극은 본질적으로 하나의 같은 이야기를 들려주었고, 쇼펜하우어는 그에 대한 철학적 정식을 다음과 같이 제공했다. 의지의 맹목적 힘la force aveugle de la volonté 속으로 재현의 가상이 해체되고, 그 의지가 무에 대한 의지le vouloir du néant 또는 그것의 궁극적 진리인 의지의 무le néant du vouloir 속으로 해체된다는 것. 새로운 감각 공동체에 대한 위대한 낭만주의적 꿈의 이면인 이 니힐리즘적 플롯은 프로이트가 발명한 역사적 배경에만 그치지 않는다. 그 플롯은 프로이트의 발명에 그 철학을 제시한다. 즉, 새로운 예술들 속에서 문명의 어두운 바탕이 끊임없이 작용하는 증상을 읽어내는 철학 말이다. 이 어두운 바탕은 신세계의 멋들어진 가상을, 그리고 삶이 영속화하려고 애쓰는 운동의 허무함을 폭로한다.

이제 예술 분야에 대한 프로이트의 개입에 담긴 핵심 쟁점을 탐지할 수 있다. 미학적 무의식의 논리가 정신분석에 저도 모르게 빌려준 철학에서 바로 그 정신분석을 떼어내기, 예술과 문명의 증상을 묶는 '니힐리즘적' 끈을 풀어내기. (프로이트가) 호프만의 『모래 사나이』에서 학생(스팔란차니 교수의 제자) 나타나엘이 자살한 이유를 세세히 분석하고, 입센의 『로스메르스홀름』의 여주인공이 그 플롯의 정점이랄 수 있는 (그녀의) 결혼을 포기한 이유를 세세히 분석하는 까닭이 여기에 있다. (그래서 프로이트는) 입센의 레베카를 이끄는 것은 무에 대한 취향이 아니라 근친상간의 폭로에서 비롯한 죄의식임을, 나타나엘을 괴롭히는 것은 자동인형과 죽음에 대한 매혹이 아니라 거세 공포임을 입증해야 하는 것이다. 요컨대 작가가 들려주는 이야기의 합리성을 프로이트가 이론화하기 시작한 죽음 충동의 문명적 플롯과 동일시해서는 안 된다. 프로이트가 논평하는 작가들은 인과성의 아름다운 고전적 플롯을 비합리적 삶의 의지vouloir-vivre라는 궁극적 무의미non-sens로 되돌리고자 열심이지만, 프로이트의 해석은 소란과 열광의 이야기를 아리스토텔레스의 인과연쇄 논리―놀라움 그리고 〔그에 동반되는〕 고통스러운 감정은 그 논리의 완벽한 엄격성과 연결된다―로 귀착하고자 후진contremarche한 것이다.

내가 프로이트의 무의식과 미학적 무의식 및 그것에 내재하는 정치가 맺는 관계를 특징짓는 이러한 긴장을 검토하는 모험을 감행하는 것은 나보다 프로이트를 더 잘 아는 사람들에게 프로이트를 설명하기 위해서가 아니다. 그것은 그 긴장이 예술을 지각하는 방식과 세계를 해석하는 방식 사이에 보다 근본적인 연결고리가 있음을 증언하기 때문이다. 이 연결고리는 오늘날에도 여전히 작동하는 중이다. 하지만 프로이트 이후 정신분석, 예술 해석, 문명의 혼란 분석 사이의 관계에 영향을 미친 자리옮김déplacement이 증언하듯, 그 연결고리는 새로운 형태를 취했다. 「미켈란젤로의 모세상」에 나타난 프로이트의 해석을 참조하면서 내가 강조하고 싶었던 것이 바로 이 자리옮김이다. 프로이트의 분석이 조각가의 어린 시절의 몇몇 비밀이나 르네상스의 찬란한 꿈의 중심에 있는 토성적 비관주의의 몇몇 기호를 밝혀낼 것이라는 사람들의 기대와는 달리, 프로이트는 모세를 계몽사상이 소중히 여기는 고전적 인물로, 즉 신의 계시와 인간적 분노의 격동 속에서 자제력을 되찾은 영웅으로 되돌린다. 율법의 인간이자 신성한 분노의 인간에 대한 아폴론적 합리화는 모든 작품을 **두려운 낯설음**Unheimlichkeit의 테라나 사물la Chose의 혐오의 표지 아래 두는 오늘날의 담론과는 확실히 거리가 멀다. 프로이트의 진정된 모세와 장-프랑수아 리오타르가 칸트의 숭고를 프로이트의 사물과 동일시해 버려낸 미학을 서로 맞세울 수도 있겠다.[2] 프로이트보다 예술적 독특성과 미학적 새로움에

---

2 [옮긴이] Jean-François Lyotard, *Heidegger et les "juif,"* Paris: Galilée, 1988, p. 78.
"'아우슈비츠-이후'의 미학, 그리고 과학-기술 세계에서. 여기서 왜 미학이냐고 사람들은 묻는다. 예술, 음악으로 향하는 독특한 성향? 재앙의 문제는 무감각적인 것, 즉 내가 anesthésie라고 말한 것의 문제이다. 나는 칸트의 숭고 분석에서 그것이 나오는 대목을 간략히 환기한 바 있다. 상상력이 절대(l'absolu, 사물[la chose])를 현시하려고 형태를 만들 때 겪는 무능력. 형태에 대한 이 무능력은 기예로서가 아니라 미적 형태로서의 예술의 종언을 개시하며 구획 짓는다. 예술이 지속한다면, 또 예술이 실제로 지속하고 있었음에도, 그것은 전혀 다른 것이며, 취미 영역 밖에 있고, 그 무(無)를, 즉 감각적인 것에 아무것도 빚지지 않고 모든 것을 감각할 수 없는 비밀에 빚지고 있는 이 감정을 내비치고 해방하려고 애쓰는 것이다."

확실히 더 많은 주의를 기울인 리오타르는 감각적 능력과 지성적 능력 사이의 측정 부재로 파악된 칸트의 숭고 개념의 틀로 모든 모던 예술을 사고했다. 캔버스 위 색채의 섬광, 음악 작품의 독특한 음색, 글쓰기의 파선tremblé은 리오타르에게 있어 **아이스테톤**aistheton이 가하는 충격의 흔적이 된다. 아이스테톤은 정신에 예속 상태를 표시하는 대가로만 정신을 무로부터 끌어낼 수 있다. 리오타르는 "영혼은 감각적인 것에 의존하고 억눌리고 굴종하면서 존재하게 된다"고 말한다. 정신이 감각적 충격에 의존한다는 것은 정신에 거하는 타자성에 비해 더 근본적인 또 다른 의존을 번역한다. 프로이트의 사물la Chose freudienne이나 모세의 율법에 의해 표현되는 통제할 수 없는 힘에 대한, 그러니까 두려움과 떨림 속에서 재현불가능한 신의 목소리로 표명되는 힘에 대한 의존. 리오타르가 보기에 예술의 미덕은 대타자의 힘에 대한, 그러니까 정신이 자기 제어의 꿈―계몽주의 프로젝트 또는 인류의 미적 교육― 속에서 망각하고 싶어 하는, 정신을 무력화하는 이 원초적 '비참misère' 또는 '테러terreur'의 힘에 대한 어찌할 수 없는 의존을 증언하는 데 있다. 〔다시 말해〕 인류가 저 자신의 운명의 주인이 되겠다는 꿈이 종국엔 전체주의적 재앙으로 귀결되었음을 증언하는

데 있다는 것이다.[3]

이처럼 우리는 무의식에 대한 사고, 예술에 대한 해석, 문명에 대한 분석 사이에 하나의 독특한 매듭이 작동함을 보았다. 거기서 예술의 독특성은 프로이트의 두려운 낯섦음의 힘으로 귀착되었다. 이 힘 자체는 인간의 '섬뜩함terribilité'에 동화하며, 하이데거는 인간이 모든 섬뜩한 것보다 더 섬뜩하다고 공표하는 『안티고네Antigone』의 유명한 합창을 주해하면서 그것을 개념화했다.[4] 이러한 동화를 통해 우리는 프로이트의 분석이 그리 애써 피

---

3 특히 〔장-프랑수아 리오타르의〕 『비인간적인 것(L'inhumain)』(1988), 『하이데거와 "유대인들"(Heidegger et les "juifs")』(1988), 『포스트모던적 도덕(Moralités postmodernes)』(1993)을 참조할 것. 나는 리오타르의 분석과 그것의 쟁점을 『미학 안의 불편함』에서 발전시킨 바 있다.

4 [옮긴이] 마르틴 하이데거, 『하이데거의 형이상학 입문』, 박휘근 옮김, 그린비, 2023, 262-298쪽. 52절 "인간존재의 본질을 열어 보임이라는 의미에서의 사색적 시작(詩作). 세 개의 행로에 걸친 소포클레스의 〈안티고네〉에 나타나는 첫 번째 합창곡의 해석", 특히 268쪽 참조.
"두려운 것은 많으나, 그러나 아무것도
자신을 드러내어 인간을 뛰어넘을 만큼 그렇게 두려운 것은 없나니,
겨울의 남쪽 바람을 타고
인간은 거품 이는 망망대해를 향해 돌진하여
광란하는 파도의 정상과 심연을 가로 건너 항해하는구나.
그렇게도 피곤할 줄 모르는, 파괴될 수 없는
가장 너그러운 신인 대지까지도
말이 끄는 쟁기로 해를 거듭해서
갈고 또 갈아 고갈시키는구나."

하려 했던 것을, 즉 예술 작품들을 문명의 불편함의 증상으로 읽을 수 있게 된다. 그리고 프로이트가 거부했던 것을, 즉 정신분석을 세계관으로 변환하기를 수행할 수 있게 된다. 이 변환은 그 자체로 우리 현재의 특징적 현상에, 다시 말해 예술적·정치적 독특성들을 윤리적 비구분indistinction 속으로 사라지게 하는 경향에 포함된다. 이 소멸은 20세기 예술을 전체주의적 파국의 재현불가능성을 증언하는 증거로 보는 다수의 해석에서 의제가 된다. 또한 이 소멸은 현대 인류의 냉혹한 운명—기술의 본질의 실현, 문명 속 불편함의 트라우마적 폭로, 문명의 결정적 충돌 또는 더 속되게 말하자면 악의 축에 맞서 선의 연합군 세력이 벌이는 최후의 전투—에서 볼 수 있는 파국, 예외, 테러의 전 지구적 논리 속으로 정치의 갈등을 삼켜버리는 현재의 경향에서도 의제가 된다.

보다 최근 저작(『미학 안의 불편함』)에서 나는 이 윤리적 전환의 특징들을 분석하려 애썼다. 이 쟁점이 『미학적 무의식』에 이미 내포되어 있다. 이 책의 목표는 더 한정적이긴 하지만 말이다. 텍스트의 목적지와 그 텍스트에 내포된 쟁점은 서로 다를 수 있다. 정신분석이 예술과 어떤 관계를 맺는지를 아는 것은 결코 정신분석과 예술 사이의 단순한 문제일 수가 없다. 그 문제는 여러 무의식 사이의 싸움, 예술에 대한 해석과 예술을 생산하거나 예술이 증언하는 세계에 대한 해석을 서로 연결하는 여러 방식 사이의 싸움을 끌어들인다. 해석들 사이의 싸움은 세상의 질서에서 바꿀 수 있는 것이 무엇이고 바꿀 수 없는 것이 무엇인지를 결정하는 방식에 관한 싸움이기도 하다. 예술과 그 안에 거하는 무의식을 사고하는 체제로서의 미학은 프랑스혁명 시기에 탄생했으며, 따라서 '미학적' 싸움은 동시에 혁명의 시대를 어떻게 해석할 것인가를 둘러싼 싸움이기도 했다. 지난 수십 년 동안 이러한 연대는 다양한 방식으로 상기되었다. 전체주의 유토피아에 공모하는 예술에 대한 비난, 문명의 끝없는 파국을 증언하는 재현불가능한 것의 예술의 선포, 유토피아와 증언의 진지함을 종식시켰을 '포스트모던' 시대의 특징으로써 말이다. 물론 토론에 종지부를 찍겠다고 주장하고픈 생각은 없다. 뉴스를 장식하는 사소한 싸움들은 그 자체로 담론들 사이의 더 근본적인 싸움을 가리킨다. 이곳이 그 싸움을 해결하는 자리는 아니겠으나 적어도 그 영토를 스케치하고 그 쟁점을 가늠해볼 수는 있겠다. 적어도 한 가지는 확실하다. 내 개입은 철학자, 정신분석가, 예술가, 정치가를 각자 제자리에 재위치시키는 것을 목표로 삼지 않는다. 오히려 어째서 그들 중

누구도 그렇게 할 수 없는지를 보여주는 게 목표다. 고유한 자리는 존재하지 않는다는 아주 간단한 이유로.

자크 랑시에르

2005년 1월

옮긴이의 말

이 책은 자크 랑시에르의 『미학적 무의식L'inconscient esthétique』(2001)을 우리말로 옮긴 것이다. 랑시에르는 2001년의 한 인터뷰에서 자신이 5~6년 전부터 2세기에 걸친 예술에 대한 글들을 연구하고 있으며, 미학에 대한 철학적 고전에서부터 현재 몇몇 중요 양식을 형성하기 시작한 모든 담론을 살펴보고 있다고 밝힌 바 있다.[1] 우리가 알다시피 그 집중 연구의 결과물은 『불화 La mésentente: Politique et philosophie』(1995) 이후 쏟아져 나온 이른바 '미학' 관련 저서들인 『말라르메Mallarmé: La politique de la sirène』(1996), 『말의 살La chair des mots: Politiques de l'écriture』(1998), 『무언의 말La parole muette: Essai sur les contradictions de la littérature』(1998), 『감각적인 것의 나눔Le partage du sensible: Esthétique et politique』(2000), 그리고 이 책 『미학적 무의식』이다.

다만 "자크 랑시에르의 이 짧고 난해한 텍스트는 그

---

[1] 자크 랑시에르, 「예술의 체제와 형식과 이행(한스-울리히 옵리스트와의 대담)」, 『자크 랑시에르와의 대화』, 박영옥 옮김, 인간사랑, 338쪽 참조.

독자, 특히 성급하게 달려들어 정신분석학과 그 외의 것들, 철학, 문학, 미학 사이에 백 년 묵은 오래된 논쟁의 용어들을 찾아내려는 독자의 이해 방식을 거의 개혁할 것을 요구한다. 이 텍스트는 랑시에르의 사유와 산문에 '익숙한' 사람에게도 사실 어렵고 예상 밖이며, 독자는 이 텍스트의 급진적 새로움을 파악하는 데 처음에는 많은 어려움을 겪는다."[2] 이러한 이유로 『미학적 무의식』은 랑시에르 연구자들 사이에서도 자주 인용되는 책은 아니다. 랑시에르의 사유를 전방위적으로 논한 스리지 콜로퀴엄[3] 발표 논문들 전체에서도 단 두 차례 짧게 언급될 뿐이고, 영미권 학자들의 랑시에르 연구 단행본에서도 거의 다뤄지지 않는다.

『미학적 무의식』은 정신분석학 자체에 대한, 지크문트 프로이트Sigmund Freud나 자크 라캉Jacques Lacan과의 개념적 대결을 기대했던 독자들에게는 다소 김빠지는 책일 수 있다. 그러나 이 책은 프로이트적 무의식을 사고가

---

[2] Solange M. Guénoun, "Lire *L'inconscient esthétique*," *Cahiers philosophiques*, no. 98, juin 2004, p. 117-123, 특히 p. 117 참조. 『미학적 무의식』을 따로 떼어 다루는 드문 논문인 Solange M. Guénoun, "Jacques Rancière's Freudian Cause," *Substance*, Vol. 33, No. 1, 2004, p. 25-53도 참조.

[3] *La philosophie déplacée: Autour de Jacques Rancière*, Textes réunis par Laurence Cornu et Patrice Vermeren, Peronnas: Horlieu éditions, 2006.

능하게 하는 가능성의 조건으로서 '미학적 무의식'을 사유할 수 있게 한다. 여기서 미학적 무의식의 정체는 바로 '무의식적 사고' 즉 '사고하지 않는 사고'인바, 그렇기 때문에 알면서도 알지 못하는 자, 절대적으로 행위하면서도 절대적으로 감수하는 자인 오이디푸스가 서두부터 주인공으로 등장하는 것이다. 랑시에르는 이미 「글쓰기의 정치」(1994)에서 "사고하지 않는 사고, 신체/물체의 상태의 표현일 뿐인 사고"에 대해 언급한 바 있다.[4] 어쩌면 근대에 들어서면서 독립적인 분과학문으로 자리 잡은 역사학, 사회학, 정신분석학, 심지어 문학, 회화 역시 바로 이 '사고하지 않는 사고'를 어떻게 다룰 것인가를 중심에 두고 발전해온 것이라고 해도 과언이 아니다. 파토스 안에 내재한 로고스, 사물이나 신체에 새겨진 상형문자 같은 징표들을 읽어내는 방식(조르주 퀴비에, 오노레 드 발자크)은 프로이트의 무의식 독해를 가능케 했던 전조인 만큼, 정신분석학적 혁명은 미학적 혁명 없이는 성립할 수 없다는 것이 랑시에르의 주장이다. 물론 프로이트가 어떻게 이 혁명의 결과—로고스 안에 내재하는

---

[4] 자크 랑시에르, 「글쓰기의 정치학(모니카 코스타 네토와의 대담)」, 『자크 랑시에르와의 대화』, 박영옥 옮김, 80쪽 참조.

파토스로서 귀먹은(들리지 않는) 익명의 말, 의지의 무, 니힐리즘—를 질병으로 간주하고 다시금 행위의 인과적 배치라는 재현적 시학(아리스토텔레스)으로 퇴행하는 모습을 살펴보는 것도 이 책이 주는 또 다른 묘미일 것이다.

이 짧고 난해한 텍스트를 해독하는 좋은 방법은 이 책 전후로 출간된 랑시에르의 다른 텍스트들과 함께 겹쳐 읽는 것이다. 예컨대 『무언의 말』에서 제시된 '재현적 체제'의 원리와 그 파괴, 고아같이 떠도는 문자/글쓰기와 물체에 새겨진 '상형문자'의 구분, 『감각적인 것의 나눔』에서 천명된 '예술의 미학적 체제', 『이미지의 운명Le Destin des Images』에서 무언의 말에 입각한 '이미지성의 새로운 체제'나 『오이디푸스 왕Œdipe roi』의 교정에서부터 '재현불가능한 것(장-프랑수아 리오타르의 아이스테톤)'에 대한 논의까지.

물론 랑시에르의 사유 체계의 전반적 맥락 속에서 이 책을 반드시 이해해야만 하는 것은 아니다. 오히려 이 작은 책이 제공하는 미세한 분석들, 즉 그 '세부détail'에 주목하는 것만으로도 충분히 흥미롭다. 『오이디푸스 왕』의 무대화를 둘러싼 논쟁, 프로이트의 예술 작품 분석에 대한 논평, 발자크, 귀스타브 플로베르, 헨리크 입센의 작품에 대한 짧지만 인상 깊은 주해들, 지나가듯 언급된 루이 마랭이나 조르주-디디 위베르만과의 방법론적 쟁점들 등은 그 자체로 독서의 즐거움을 선사할 것이다.

    국내 독자들에게 이 책은 다소 늦게 도착한 감이 있다. 하지만 감각적인 것의 나눔이나 예술의 미학적 체제 같은 랑시에르의 핵심 개념들은 여전히 명확히 이해되었다고 보긴 어렵다. 이 책이 그 개념들에 접근하기 위한 하나의 실마리가 되기를 기대한다.

옮긴이
2025년 8월

찾아보기

〈개념 용어〉

ㄱ

고유성propriété 34, 38, 115
  고유함propre 34, 40, 121
귀먹은 말[들리지 않는 말]la parole sourde 55n, 63
급전péripétie 26(n)

ㄴ

니힐리즘nihilisme 55n, 105, 108n, 110, 116

ㄷ

대립물의 동일성l'identité des contraires 34-36, 39
들리지 않는 말 → 귀먹은 말
디테일 → 세부

ㄹ

로고스logos 40, 46, 53, 73, 83, 105, 114; 또한 "파토스"를 보라

ㅁ

무언의 말la parole muette 53-54, 58(n), 83, 107n, 114-115
무의미non-sens 45, 53, 73, 127
무의식inconscient 7,9-0, 13(n), 58, 61-70, 85n, 88, 108-110, 114, 117, 122-127, 130, 132
미학esthétique
  미학적 무의식l'inconscient esthétique 58, 61, 63, 73, 83, 84, 98, 104-105, 109, 115, 117(n), 124,

125, 126-127

미학적 혁명la révolution esthétique 27n-28n, 31-42, 47, 49, 83, 114

ㅂ

발견reconnaissance 26(n), 79, 114

비극tragédie 19, 26, 31-33, 54-55, 67-68

ㅅ

사고[사유]pensée 9-14, 24, 28n, 31-34, 36, 38, 40, 45, 47, 50, 52-54, 61-65, 67, 70, 73, 109, 111, 122, 130

비사고non-pensée 9-10, 12, 40, 45, 47

살아 있는 말parole vivante 46-47, 52

상응adéquation 15, 45, 47, 77, 85

세부[디테일]détail 9, 49-50, 138

숭고sublime 112, 114, 116n-117n, 128(n)-129

시학poétique 12-13, 69n

ㅇ

아이스테톤aistheton 113, 129

예술의 미학적 체제le régime esthétique de l'art 28n, 35, 58, 65, 73, 86n-88n, 107n-108n, 110, 124-125

의지volonté 25, 41, 52-53, 58, 66, 68, 91-92, 107, 107n-108n, 109, 125

무에 대한 의지le vouloir du néant 125

비-의지non-vouloir 104

삶의 의지vouloir-vivre 41, 53, 104, 127

의지의 무le néant du vouloir 58, 107, 125

ㅈ

자리옮김déplacement 127

적합성convenance 68, 69n

재현représentation 23, 25, 69n, 86(n)-87(n), 90, 107, 112n, 114, 125

   재현불가능한 것 l'irreprésentable 116n, 132

   재현적 체제le régime représentatif 27n, 31, 34, 68, 69n, 87n, 114

정신분석psychanalyse 7-10, 14, 23-24, 31, 33, 45, 61, 65-66, 78, 83, 84n, 89, 91, 101, 109, 114, 122-123, 125, 127, 131, 132

지식savoir 21, 24, 25-27, 31-33, 35, 66, 68, 73, 79, 83, 104

   비지식non-savoir 27, 35, 73, 104

ㅊ

천재génie 34, 35n

ㅍ

파토스pathos 26(n)-27, 40, 53, 63, 67, 73, 83, 91, 105, 110, 114; 또한 "로고스"를 보라

판타지fantaisie 66-67, 73-79, 97-98, 100, 123

플롯intrigue 22, 77, 79, 83, 100, 105, 107, 111, 112n-113n, 114, 126-127

ㅎ

행위acte 25-27, 31-32, 34-36, 40, 55, 67-68, 69n, 78, 90, 121

허구fiction 37, 47n, 69n, 75, 79, 99, 109

〈인명〉

ㄱ

괴테, 요한 볼프강 폰Goethe, Johann Wolfgang von 8, 62

긴즈부르그[긴츠부르그], 카를로Ginzburg, Carlo 85(n), 87n

ㄴ

노발리스Novalis 28n, 47-48, 124

니체, 프리드리히 빌헬름 Nietzsche, Friedrich Wilhelm 13n, 31, 42, 45, 57n, 68, 104, 125

ㄷ

다빈치 → 레오나르도 다빈치

도데, 알퐁스Daudet, Alphonse 8, 62

디디-위베르만, 조르주Didi-Huberman, Georges 86(n), 87n, 113n

ㄹ

라 아르프, 장-프랑수아 드La Harpe, Jean-François de 68, 69n

라캉, 자크Lacan, Jacques 7, 87n

레르몰리에프, 이반Lermolieff, Ivan 84; 또한 "모렐리, 조반니"를 보라

레오나르도 다빈치Leonardo da Vinci 8, 64, 67, 83, 89, 92

리오타르, 장-프랑수아 Lyotard, Jean-François 112(n), 113n, 114, 116n-117n, 128-129

ㅁ

마랭, 루이Marin, Louis 86 87n, 89

마테를링크, 모리스

Maeterlinck, Maurice 54(n)-55(n), 124

모렐리, 조반니 Morelli, Giovanni 84(n)-85(n), 86; 또한 "레르몰리에프, 이반"을 보라

모파상, 기 드 Maupassant, Guy de 45

미켈란젤로 디 로도비코 부오나로티 시모니 Michelangelo di Lodovico Buonarroti Simoni 8, 64, 67, 83, 89, 91-92, 108

ㅂ

바그너, 빌헬름 리하르트 Wagner, Wilhelm Richard 13n, 104, 105, 125

바움가르텐, 알렉산더 고틀리프 Baumgarten, Alexander Gottlieb 10-12, 35

바이런, 조지 고든 Byron, George Gordon 48, 51n, 96

바퇴, 샤를 Batteux, Charles 68, 69n

발자크, 오노레 드 Balzac, Honoré de 48, 51n, 52, 107n, 124

버크, 에드먼드 Edmund Burke 111

보링거, 빌헬름 로베르트 Worringer, Wilhelm Robert 87n

볼테르 Voltaire 22, 24, 31, 68, 69n, 105

부르크하르트, 야코프 Burckhardt, Jacob 68

비코, 잠바티스타 Vico, Giambattista 13n, 35n, 36-37

빌리에 드 릴라당, 오귀스트 드 Villiers de L'Isle-Adam, Auguste de 56(n)

빙켈만, 요한 요아힘 Winckelmann, Johann Joachim 91

ㅅ

셰익스피어, 윌리엄
　Shakespeare, William 62, 101
셸링, 프리드리히 빌헬름 요제프Schelling, Friedrich Wilhelm Joseph 11, 13n, 40, 123
소포클레스Sophoklēs 15, 19-26, 31, 33, 62
쇼펜하우어, 아르투어
　Schopenhauer, Arthur 13n, 41, 45, 55n, 104, 106, 109, 125
슐레겔Schlegel 형제 11
스트린드베리, 요한 아우구스트Strindberg, Johan August 45, 105 107n, 124
실러, 요한 크리스토프 프리드리히 폰Schiller, Johann Christoph Friedrich von 13n, 62, 96

ㅇ

아리스토텔레스Aristotelēs 25-26, 31, 36-37, 68, 69n, 79, 127
아이스퀼로스Aischylos 25, 33(n)
안젤리코, 프라Angelico, Fra 87
옌젠, 빌헬름 헤르만Jensen, Wilhelm Hermann 8, 64, 67, 74-75, 77, 96, 97(n), 98, 100, 109, 115
위고, 빅토르Hugo, Victor 50, 69, 124
입센, 헨리크 요한Ibsen, Henrik Johan 45, 54, 56n, 64, 67, 75, 100-101, 104-109, 115, 124, 126

ㅈ

조르조네Giorgione 86
졸라, 에밀Zola, Émile 45, 99-100, 107n

ㅋ

칸트, 임마누엘[이마누엘]Kant, Immanuel 11-12(n), 13n, 34, 35n, 112, 116n-117n, 128(n), 129
코르네유, 피에르Corneille, Pierre 19-22, 24, 27n-28n, 31, 69n, 105
퀴비에, 조르주Cuvier, Georges 48, 49n, 51n
크레이그, 에드워드 고든Craig, Edward Gordon 56(n), 57n

ㅌ

텐, 이폴리트 아돌프Taine, Hippolyte Adolphe 68
티크, 요한 루트비히Tieck, Johann Ludwig 67, 97

ㅍ

파노프스키, 에르빈Panofsky, Erwin 86, 87n-88n, 90
파울, 장Paul, Jean 67, 97(n), 98n
포퍼-린케우스, 요제프Popper-Lynkeus, Josef 62, 67
프로이트, 지크문트Freud, Sigmund 7-10, 13-15, 24, 49, 61-67, 70, 73-79, 83, 85-86, 85(n), 87n, 88-91, 95, 97-98, 100-101, 103-112, 114-117, 123-131
플라톤Platōn 36, 46, 122
플로베르, 귀스타브Flaubert, Gustave 13n-14n, 99

ㅎ

헤겔, 게오르크 빌헬름 프리드리히Hegel, Georg Wilhelm Friedrich 11, 13n, 28n, 31, 33, 40, 96-98, 123
호프만, E. T. A.Hoffmann, E. T. A. 64, 67, 75-76, 109, 115, 126
횔덜린, 프리드리히Hölderlin, Friedrich 28n, 31, 68, 96

미학적 무의식

1판 1쇄 2025년 11월 28일

지은이 자크 랑시에르
옮긴이 양창렬
펴낸이 김수기

펴낸곳 현실문화연구
등록 1999년 4월 23일 / 제2015-000091호
주소 서울시 은평구 불광로 128 배진하우스 302호
전화 02-393-1125 / 팩스 02-393-1128 / 전자우편 hyunsilbook@daum.net
ⓗ blog.naver.com/hyunsilbook   ⓕ hyunsilbook   ⓧ hyunsilbook

ISBN 978-89-6564-313-5 (93100)